(Conserver la couverture)

365

COLLECTION LAHURE

LA MATRONE

DU

Pays de Soung

LES DEUX JUMELLES

(CONTES CHINOIS)

A. LAHURE, IMPRIMEUR-ÉDITEUR

9, rue de Fleurus, 9

M DCCC LXXXIV

COLLECTION LAHURE

* * *

TIRAGE A PETIT NOMBRE

LA MATRONE

DU

PAYS DE SOUNG

Z
134

[library stamp]

Les richesses passent comme un songe.

LA MATRONE

DU

Pays de Soung

LES DEUX JUMELLES

(CONTES CHINOIS)

AVEC UNE PRÉFACE

PAR É. LEGRAND

Professeur de l'Enseignement supérieur

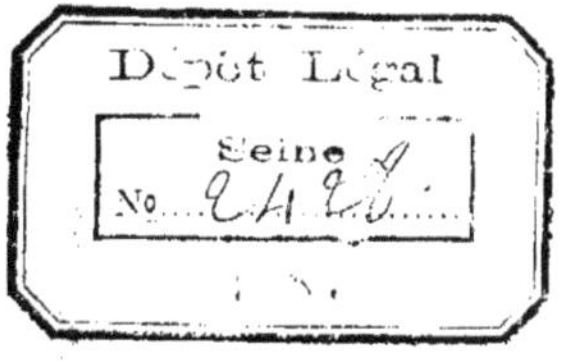

PARIS

A. LAHURE, IMPRIMEUR-ÉDITEUR

9, rue de Fleurus, 9

MDCCCLXXXIV

PRÉFACE

La littérature chinoise est une des plus anciennes et des plus riches non seulement de l'Asie, mais du monde entier. Poésie, drame, conte, roman, il n'est pas une branche de ce qu'on est convenu d'appeler les belles-lettres qui n'ait été cultivée dans le Céleste Empire et n'y ait produit des œuvres d'une incontestable valeur.

A une époque où l'Europe croupissait dans les ténèbres de la plus épaisse ignorance et où quelques privilégiés seuls savaient lire, en l'année 593 de notre ère, plus de huit siècles avant Gutenberg, les Chinois découvraient l'imprimerie, cette toute-puissante propagatrice de la pensée humaine. Au dixième siècle, notre siècle de fer, la presse était arrivée chez eux à un degré de prospérité qu'elle n'a dépassé nulle part encore. Les livres se multiplièrent à l'infini, et leur extrême bon marché les mettant à la portée de toutes les bourses, le nombre des lecteurs s'accrut dans des proportions prodigieuses; et la nécessité de fournir un aliment à cette fièvre d'instruction, de curiosité, d'amusement, qui s'était emparée de la population, fit prendre à la littérature un merveilleux essor.

Il ne saurait entrer dans notre dessein de tracer une esquisse, même très sommaire, de cette luxuriante frondaison littéraire qui couvrit la Chine de milliers d'ouvrages en tout genre, dont les titres seuls rempliraient de gros in-folio. Un sinologue de profession oserait à peine songer à une pareille entreprise. La raison en est que les compositions dramatiques (comédies, tragédies, vaudevilles, etc.), les romans, et, en général, tous les livres de pure imagination, étant rédigés dans la langue parlée (et non dans l'idiome savant, accessible aux lettrés seulement), ils sont sévèrement bannis des bibliothèques publiques. De cette exclusion, dont se trouvent ainsi frappées plusieurs branches de la littérature chinoise, il résulte que, une foule d'ouvrages ne figurant sur aucun catalogue, un étranger en ignore souvent jusqu'à l'existence. C'est en vivant dans le pays et par des rapports constants avec les indigènes que l'on peut arriver à se composer un noyau de bibliothèque, qui sera forcément toujours rudimentaire. On comprend bien que, dans de pareilles conditions, écrire l'histoire de la littérature chinoise, c'est s'exposer de propos délibéré à ne produire qu'une œuvre incomplète, à ne tracer qu'un tableau imparfait.

La littérature chinoise est donc fort peu

connue du grand public européen, et il est à craindre qu'il n'en soit encore longtemps ainsi. Du reste, les mœurs de l'Empire du Milieu sont trop profondément différentes des nôtres pour que nous puissions goûter, comme elles méritent de l'être, les productions de la littérature chinoise. Il faut s'être préalablement livré à une longue étude de la civilisation de ce peuple, pour saisir dans ses livres une foule de détails, d'allusions concernant les mœurs, les coutumes, les institutions, et qui, autrement, demeurent pour un profane à l'état de lettre morte. Cette difficulté pour un étranger d'aborder la lecture d'un livre chinois, M. Stanislas Julien s'en était parfaitement rendu compte, et c'est pour l'atténuer, dans la mesure du possible, qu'il accompagnait d'un commentaire perpétuel sa traduction du roman des *Deux Cousines*.

Les cinq livres classiques qui renferment les plus anciens monuments de la poésie, de la philosophie et de la législation, réunis, selon toute probabilité, par Confucius, au sixième siècle avant notre ère, ont été traduits en français, mais un nombre très restreint d'œuvres de la littérature moderne ont eu le même privilège.

Au siècle dernier, la langue chinoise n'était guère connue chez nous que des missionnaires, la plupart jésuites, qui s'en servaient exclusivement pour propager la religion chrétienne en Chine.

Si quelques-uns d'entre eux ont composé et publié beaucoup de savantes relations et de monographies instructives sur le Céleste Empire, ils ont en revanche laissé la littérature à l'arrière-plan. Le P. d'Entrecolles avait cependant traduit quelques contes semi-populaires, qui furent publiés par le P. du Halde dans sa *Description historique de la Chine.* La langue chinoise n'est, d'ailleurs, officiellement enseignée en France que depuis 1815, époque où

Louis XVIII fonda la chaire de chinois du Collège de France. Plus tard (1841), une autre chaire de chinois fut créée à l'École des langues orientales vivantes. C'est surtout grâce aux savants professeurs qui ont occupé ces chaires que notre pays a pu être initié à la littérature d'un peuple encore si mal connu.

M. Stanislas Julien traduisit plusieurs romans, tous très intéressants, aujourd'hui introuvables, et dont il serait à souhaiter qu'on donnât une nouvelle édition. M. Bazin, le premier qui enseigna le chinois à l'École des langues orientales, s'appliqua surtout à faire connaître la littérature dramatique. Sous le titre de *Théâtre chinois*, il publia un volume qui contient la traduction de deux pièces fort originales. Il en fit connaître un certain nombre d'autres par une analyse habilement présentée, dans le volume de la collection de l'*Univers pittoresque* consacré à la Chine, et dont il a entièrement rédigé la seconde partie.

Mais si les Chinois se sont, comme nous l'avons déjà dit, essayés dans tous les genres, il n'en est pas où ils aient mieux montré leur supériorité que dans le conte ou la nouvelle. Personne ne leur conteste dans l'art de narrer une histoire une habileté vraiment merveilleuse. Les morceaux de cette espèce, fait observer M. Abel Rémusat, généralement peu étendus, ne sauraient, sous le rapport de l'art, entrer en comparaison avec les grandes compositions des romanciers; mais, si la contexture de la fable et la peinture des caractères y sont ordinairement plus négligées, on y trouve, en revanche une multiplicité d'incidents et de détails propres à soutenir l'attention et à faire de plus en plus connaître l'intérieur de la vie privée et les habitudes domestiques dans les conditions inférieures de la société.

Le rècueil intitulé *Kin-kou-ki-kouan*, dont notre Bibliothèque nationale possède plusieurs exemplaires, contient quarante nouvelles. Seize d'entre elles ont été traduites en français, ce sont :

1° L'héroïsme de la piété filiale *;
2° Les tendres époux *;
3° L'ombre dans l'eau *;
4° Les trois frères *;
5° Le crime puni *;
6° La calomnie démasquée *;
7° L'histoire de Fan-hi-Tcheou *;
8° Les trois étages consacrés *;
9° Les deux jumelles *;
10° La matrone du pays de Soung *;
11° La peinture mystérieuse;
12° Les deux frères de sexe différent;
13° Les pivoines;
14° Le poète Li-thaï-pe;
15° Le luth brisé;
16° Le ressentiment de Wang-kiao-louen.

Nous avons marqué d'une astérique celles de ces nouvelles qui furent publiées par Abel Rémusat (1827), en trois petits volumes, sous le titre de *Contes chinois*. C'est à cette collection, devenue fort rare, que nous avons emprunté *les Deux Jumelles* et *la Matrone du Pays de Soung*, dont se compose le présent volume.

Sur la première de ces nouvelles, nous n'avons rien de particulier à faire observer. Nous nous bornerons à dire qu'elle est une peinture aussi curieuse que fidèle d'un des côtés les plus étranges de la civilisation chinoise. Le dénouement surtout en est, pour un lecteur européen, tout à fait imprévu.

***

Quant à la *Matrone du Pays de Soung*, le plus piquant des contes que le P. d'Entrecolles avait traduits, elle pourrait servir de thème à une étude comparative des plus intéressantes, mais que nous ne pouvons malheureusement qu'indiquer ici. Ce conte nous est une preuve frappante que les Chinois ont connu ces fables milésiennes dont il faisait partie et qui ont couru le monde. Cette supposition est, ce nous semble, la plus naturelle qu'on puisse faire ; car comment imaginer qu'un second modèle ait pu fournir, à l'extrémité orientale de l'Asie, l'aventure sur laquelle est fondée ce récit satirique? Tout le monde connaît l'histoire de la *Matrone d'Éphèse*, ne serait-ce que par la version gauloise que La Fontaine en a donnée.

A la fin du siècle dernier, Dacier, membre de l'Académie des Inscriptions, rédigea un savant mémoire dans lequel il examine la *Matrone d'Éphèse* et les différentes imitations qu'elle a produites. Cet érudit se pose deux questions : 1° Le fait est-il vrai ou faux? 2° Pétrone est-il le premier qui l'ait raconté? Le doute que la première question suppose n'est pas nouveau. Dès le douzième siècle déjà, Jean de Sarisberi, après avoir rapporté, dans son *Policraticus sive de nugis curialium*, tout le morceau de Pétrone relatif à l'aventure de la Matrone d'Éphèse, semble laisser son lecteur libre de la traiter d'histoire ou de fable. On pourrait conclure de cette alternative que Jean de Sarisberi n'avait pas pris absolument son parti entre les deux qualificatifs. Mais, comme il ajoute que la vérité du fait était attestée par un écrivain dont il n'invoque le témoignage qu'avec éloge, il est permis de penser qu'il était disposé à l'en croire. « Cependant, dit-il, Flavien lui-même certifie que la chose était ainsi arrivée à Éphèse et nous apprend de plus que la Matrone avait subi la peine des parricides et des adultères. » Cette dernière circonstance manque dans le récit de Pétrone. Par malheur, on ne saurait fixer le degré d'autorité que peut avoir le témoignage de ce Flavien, qui n'est pas autrement connu.

De la différence des deux récits dans un point

essentiel, il est permis de penser que les deux écrivains n'avaient pas puisé à une même source. Nous n'oserions toutefois conclure, avec Dacier, que la circonstance de la peine subie par la Matrone donne au fait un caractère de vérité que de simples soupçons ne sauraient détruire.

On a découvert à Rome, parmi les ruines du palais de Néron, les débris d'un bas-relief où se reconnait l'histoire de la Matrone. Un soldat romain est assis vis-à-vis d'une femme à demi couchée; ils sont dans l'attitude de gens qui conversent ensemble; le soldat tend la main vers la femme et semble l'inviter à accepter ce qu'il lui présente. La femme, appuyée sur le coude droit et soutenant sa tête avec sa main, paraît faire de l'autre un signe de refus; derrière eux, dans l'éloignement, s'élève un gibet duquel pend une corde; à leurs pieds est une espèce de pot où brille un feu qui éclaire le lieu où ils sont enfermés; à peu de distance, se tient une autre femme (très probablement la suivante de la Matrone, qui avait soin d'entretenir la lumière).

C'est, comme on le voit, le récit de Pétrone mis en action. Mais, quel que soit l'âge du monument, peut-on en conclure que le fait qu'il représente ne soit pas du domaine de la fable? Nous ne le pensons pas, et nous croyons, en outre, que cette question est du nombre de celles dont la solution importe peu.

Ce qu'il est plus intéressant de constater c'est le prodigieux succès obtenu par cette histoire, vraie ou fausse. Pas n'est besoin de dire que nos conteurs, en se l'appropriant, l'ont agrémentée de détails fantaisistes, dont certains sont même de fort mauvais goût. Le moyen âge se peint, avec ses mœurs rudes et grossières, dans le récit que nous fournit une version du *Roman des sept Sages*. Nos lecteurs nous sauront peut-être gré de leur résumer en langage moderne cette curieuse narration; ils pourront ainsi établir entre ce fabliau et la nouvelle chinoise une comparaison, qui, à notre avis, sera tout à l'avantage de cette dernière.

« Il y avait en Lorraine un vicomte qui aimait beaucoup sa femme. Celle-ci semblait le payer de retour. Un jour que ce gentilhomme était occupé à doler un morceau de bois avec un couteau, sa femme lui fit faire un faux mouvement et il se coupa au doigt. Quand il vit couler son sang, il en fut si affligé que le lendemain il était mort. On lui fit de magnifiques funérailles. Le jour où il fut mis en terre, sa femme pleura et se lamenta sur la fosse, et dit qu'elle y resterait jusqu'à sa mort. Ses parents eurent beau la blâmer et la consoler, rien n'y fit. Voyant qu'ils ne pouvaient venir à bout de vaincre sa résistance, ils prirent le parti de la quitter; seulement ils lui firent construire, sur la fosse même, une loge « bien couverte et bien fermant ». La dame y entra, fit apporter du bois et alluma du feu. Or, il advint que trois larrons avaient été attachés à la potence, qui se dressait dans le voisinage du cimetière. Un chevalier fut chargé de veiller à ce que les parents des suppliciés ne vinssent pas enlever les cadavres. S'étant rendu à son poste vers minuit, il aperçut du feu dans le cimetière et, comme on était en plein hiver, il se dirigea de ce côté pour se réchauffer un peu. Il frappa à la porte de la cabane, mais la dame refusa de lui ouvrir.

« Laissez-moi entrer, dit-il; je ne ferai chose qui vous déplaise et je ne dirai nulle vilenie. Je suis le chevalier qui garde les trois larrons.

« Entrez donc, dit la dame.

« Le chevalier ne se le fit pas dire deux fois. Il entra et alla droit devant le feu, car il était transi de froid. Quand il se fut bien réchauffé, il regarda la dame, qui était « belle et colorée comme rose », et lui dit :

« Je m'étonne qu'une jolie femme comme vous se tienne là à pleurer auprès d'un cercueil.

Ne pourriez-vous pas, si tel était votre bon plaisir, trouver un mari riche et puissant qui vous ferait grand honneur? Sachez que vous avez beau pleurer et vous douloir, celui que vous regrettez ne reviendra pas à la vie.

« Mon mari est mort pour l'amour de moi, répliqua la dame. Je veux mourir pour lui, et, tant que je vivrai, je ne partirai pas d'ici.

« Vous pourriez vous en repentir, ajouta le chevalier.

« Cependant celui-ci s'oublia si longtemps auprès de la jolie veuve que, profitant de son absence, les parents d'un des larrons enlevèrent son cadavre. De retour au pied de la potence, notre homme ne fut pas peu surpris de n'y plus voir que deux voleurs. Il se douta bien de ce qui s'était passé, mais qu'y faire? Il courut vite à la dame pour lui demander conseil. Madame, lui dit-il, pendant que j'étais avec vous, on m'a enlevé un des trois cadavres que je gardais. Je suis un homme perdu : le châtiment qui m'attend est la confiscation de tous mes biens et l'exil. Dites-moi de grâce ce que je puis faire pour me tirer de ce mauvais pas.

— « Si vous voulez suivre mon avis, jurer de m'aimer et de m'épouser, j'agirai de telle sorte que vous ne perdrez pas même un denier de votre avoir.

— « Je suis prêt à vous obéir.

— « Écoutez-moi donc. Mon mari, qui n'est en terre que depuis hier, n'a pas encore eu le temps de changer, déterrons-le et allons le pendre au gibet à la place du cadavre qui vous a été dérobé.

— « Vous avez bien dit. Je suis à vos ordres.

« Ils déterrèrent le corps et le transportèrent sous la potence.

— « Madame, dit alors le chevalier, je ne le pendrais pour rien au monde.

— « Bah! que dites-vous? Je ne vous demande pas d'y mettre la main; je le pendrai volontiers moi-même pour l'amour de vous.

« Et, sur ce, elle mit la hart au cou de son mari, monta à la potence et l'y attacha.

— « Le voilà pendu, chevalier; vous n'avez pas à craindre que la chose soit découverte.

— « Non; mais l'autre avait à la tête une blessure qu'on lui fit en le pendant; si les gens font cette remarque demain quand ils viendront, mal m'en prendra.

— « N'avez-vous pas une bonne épée bien tranchante? Donnez-lui-en un grand coup sur la tête. Voulez-vous que je m'en charge?

« La dame prit l'épée du chevalier et en frappa sur la tête de son mari un si furieux coup qu'elle lui fit une large blessure.

— « Il avait deux dents cassées, dit le chevalier.

« Elle prit une pierre et en brisa les dents à son mari.

— « Ce n'est pas tout, madame, le larron avait « le génitif » coupé.

« Elle monta vite à la potence et mutila son mari.

« Après quoi elle alla trouver le chevalier et le somma de tenir sa promesse.

— « On devrait, lui répondit-il, vous brûler vive comme une orde larronnesse. Vous avez déjà oublié celui qui est mort hier pour vous. J'aurais tort de placer en vous mon amour et ma confiance. Honni soit qui à mauvaise femme se fie !

« La dame était bien loin de s'attendre à un pareil discours. Elle fut si étonnée qu'elle ne sut quoi répondre, et que, de la sorte, bien fut punie de sa perversité. »

L'adaptation faite par le conteur français ne demandait pas, comme on le voit, un bien grand effort d'imagination. Il était très facile de faire commettre à la femme une série d'actes plus odieux les uns que les autres, afin de rendre aussi haïssable que possible le sexe auquel elle appartient ! Combien plus habile s'est montré l'auteur chinois. Avec quelle finesse de touche il a su accommoder le sujet aux mœurs de son pays ! L'idée de l'éventail, l'indignation de la femme de Tchouang-tseu, à la pensée d'une légèreté comme celle de la première veuve, sont de véritables traits de génie que Voltaire n'a pas dédaigné d'emprunter au conteur chinois, et dont celui-ci n'était pas redevable aux premiers inventeurs. Le dénouement de *la Matrone du pays de Soung* est d'une rare extravagance. Il est de beaucoup supérieur à celui des autres nouvelles chinoises en général. C'est que l'idée ingénieuse qui se présente à un auteur et les développements agréables qu'il sait lui donner ne le soutiennent pas toujours jusqu'au bout, et que, s'il y a mille moyens variés pour former une intrigue, il n'y en a qu'un très petit nombre pour la dénouer.

*
* *

Nous ajouterons, pour terminer cette préface, que l'auteur anonyme d'un recueil de fables en vers latins hexamètres et pentamètres, la plupart imitées de la collection ésopique, avait déjà inséré l'histoire de la Matrone dans son livre. Au quatorzième siècle, Eustache Deschamps la reproduisit sinon avec l'élégance qui distingue Pétrone, du moins avec une simplicité qui n'est pas sans charmes. Il était réservé à La Fontaine de surpasser l'auteur latin. Saint-Évremond a aussi traité le même sujet; Lamothe et Fuselier en ont composé des comédies, l'un pour le Théâtre-Français, l'autre pour l'Opéra-Comique. L'histoire de la Matrone est encore racontée dans un fabliau fort obscène du recueil de Méon, et elle fait partie des *Cento novelle antiche*. Voltaire s'est approprié le conte chinois dans son *Zadig* (chap. II, *le Nez coupé*). Le *Conte du Tailleur et de sa Femme*, dans l'*Histoire de la Sultane de Perse et des vizirs*, traduite du turc par Pétis de la Croix, et celui de *Dhoumini*, dans le *Dasa-koumâra-tcharita*, se rattachent peut-être encore à cette fiction.

15 novembre 1883.

ÉMILE LEGRAND.

LA MATRONE

DU PAYS DE SOUNG

Les richesses et les avantages qui les suivent sont comme un agréable songe de quelques momens.

Les honneurs et la réputation ressemblent à un nuage brillant, mais qui est bientôt dissipé.

L'affection de ceux-là mêmes que la chair et le sang unissent, n'est le plus souvent qu'une vaine apparence.

Les amitiés les plus tendres se changent quelquefois en de cruelles inimitiés.

Gardons-nous d'aimer à porter un collier parce qu'il est d'or.

Et des chaines, parce qu'elles sont de pierreries.

Purifions notre cœur, modérons nos désirs et détachons-nous des affections terrestres.

Regardons comme un point capital de nous conserver dans un état de liberté et de joie qui ne dépende de personne.

En se garantissant de toute passion violente, on mène une vie douce et agréable, loin des inquiétudes qui nuisent à la santé. Ce n'est pas qu'on veuille blâmer l'amour naturel qui lie un père avec son fils, ou qui unit des frères ensemble. Ils sont les uns aux autres ce que sont les branches d'un arbre avec le tronc. Cet amour doit durer autant que ce rapport mutuel. Gardez-vous de travailler pour eux comme un cheval ou une bête de somme.

Les sectes de Tao et de Fo, quoique très-différentes de la secte littéraire, s'accordent avec elle sur ces grands devoirs, et n'ont jamais pensé à les combattre ou à les affaiblir. Il est pourtant vrai que l'amour des pères pour les enfants ne doit pas jeter dans des inquiétudes excessives, quand il s'agit de procurer leur établissement : aussi dit-on communément : *La fortune des enfans doit être leur propre ouvrage.*

Pour ce qui est du mari et de la femme, ils sont unis très-étroitement, et par des liens infiniment respectables; mais enfin, ou le divorce ou la mort rompent souvent cette union. C'est ce que nous apprend le proverbe qui dit : *L'époux et l'épouse sont comme des oiseaux de la campagne ; le soir les réunit dans un même bocage, et le matin les sépare.* Il faut pourtant l'avouer; il y a bien moins à craindre l'excès dans l'amour paternel que dans l'amitié conjugale. Celle-ci s'entretient et s'accroît en secret dans des tête-à-tête, et par de grands épanchemens de cœur. Ainsi il n'est pas rare qu'une jeune femme se rende maîtresse de l'esprit d'un mari, et de là naissent les refroidissemens d'un fils envers son père. Ce sont de ces défauts grossiers, dont les gens de mérite savent bien se défendre.

A ce sujet je vais raconter un trait de la vie du fameux Tchouang-tseu; mais je proteste d'abord que ce que je dirai ne tend point à affaiblir l'union et la paix qui doivent régner entre les gens mariés. Je prétends seulement faire voir qu'on doit être attentif à distinguer le vrai et le faux mérite pour régler son affection. A parler en général, celui qui travaille sans relâche à dompter ses passions s'en rendra enfin le maître; la sagesse sera son partage, et une vie douce et tranquille sera le fruit de son travail.

Nos anciens, voulant moraliser sur la manière dont le laboureur cultive son champ, se sont exprimés ainsi dans les vers suivans :

> Il transplante le riz en herbe dans une terre nouvellement défrichée.
> En peu de temps il voit dans ce champ verdoyant et inondé l'image d'un beau ciel azuré.
> Notre cœur est ce champ ; il a sa parure et ses richesses lorsque les passions y sont pures et réglées.
> Il ne faut que quelques pas, et déjà le sage a fait des progrès dans la vertu.

Sur la fin de la dynastie des Tcheou, parut à

la Chine un fameux philosophe appelé Tchouang-tseu. Il naquit à Meng, ville du royaume de Soung. Il eut un petit mandarinat, et il se fit disciple d'un sage très-célèbre en ce temps-là, et auteur de la secte du Tao. Son nom était Li, et son surnom Eul. Mais, comme il était venu au monde avec des cheveux blancs, il fut appelé Lao-tseu, c'est-à-dire l'enfant vieillard.

Toutes les fois que Tchouang-tseu dormait, son sommeil était interrompu par un songe. Il s'imaginait être un gros papillon voltigeant çà et là, ou dans un verger, ou dans une prairie. L'impression de ce songe était si forte que, même à son réveil, il croyait avoir des ailes attachées aux épaules, et qu'il était près de voler. Il ne savait que penser d'un rêve si fréquent et si extraordinaire.

Un jour profitant d'un moment de loisir, après un discours de son maître Lao-tseu sur le Yi-king, il lui proposa le songe qui se formait si souvent dans son imagination, et lui en demanda l'explication.

« La voici, répondit cet homme admirable, qui n'ignorait rien des merveilles de la nature. La cause de ce songe opiniâtre doit se chercher dans les temps qui ont précédé celui où vous vivez. Sachez qu'au temps que le chaos se débrouilla, et que cet univers fut formé, vous étiez un beau papillon blanc. Les eaux furent la première production du ciel : la seconde, ce furent les arbres et les plantes dont la terre fut parée, car tout fleurit et brilla à l'instant. Ce beau papillon blanc errait à son gré, et allait flairer les fleurs les plus exquises. Il sut même tirer du soleil et de la lune des agrémens infinis; il se procura enfin une force qui le rendit immortel. Ses ailes étaient grandes et presque arrondies, son vol était rapide.

Un jour qu'il prenait ses ébats, il s'attacha à des fleurs du jardin de plaisance de la grande reine, où il avait trouvé le secret de s'insinuer, et gâta quelques boutons à peine entr'ouverts. L'oiseau mystérieux à qui on avait confié la garde de ce jardin donna au papillon un coup de bec dont il mourut.

Il laissa donc sans vie son corps de papillon; mais l'âme qui était immortelle ne se dissipa point; elle a passé en d'autres corps et aujourd'hui elle se trouve dans celui de Tchouang-tseu. C'est là ce qui met en vous de si heureuses dis-

BIBLIOTHÈQUE NATIONALE

Il prit même congé de Lao-tseu et se mit à voyager.

positions à devenir un grand philosophe, capable de s'élever, d'acquérir l'art que j'enseigne, de se purifier par un entier détachement, et de s'établir dans la parfaite connaissance d'esprit et de cœur.

Dès lors Lao-tseu découvrit à son disciple les plus profonds mystères de sa doctrine, et le disciple se sentit tout-à-coup devenir un autre homme; et, suivant désormais sa première origine, il eut véritablement l'inclination du papillon, qui est de voltiger continuellement sans se fixer à aucun objet, quelque charmant qu'il lui parût. La fortune la plus brillante ne fut plus capable de le tenter. Son cœur devint insensible aux grands avantages : il les trouva aussi peu solides que la vapeur déliée dont se forme un même nuage, qui est le jouet des vents; et aussi peu stables que l'eau d'un ruisseau, dont le cours est extrêmement rapide. Enfin son âme ne tenait plus à rien.

Lao-tseu, voyant que son disciple était tout-à-fait revenu des amusemens du siècle, et goûtait la vérité, l'introduisit dans les mystères du Tao-te-king, car les cinq mille mots dont ce livre est composé sont tous mystérieux.

Il n'eut plus rien de réservé pour un tel disciple.

Tchouang-tseu, de son côté, se donna tout entier à cette étude; il lisait sans cesse, il méditait, il mettait en pratique la doctrine de son maître, et, à force de sonder son intérieur, de le purifier, de le raffiner, pour ainsi dire, il comprit parfaitement la différence qui se trouvait entre ce qu'il y avait en lui de visible et d'imperceptible, entre le corps qui se corrompt, et l'esprit qui, en quittant cette demeure, acquiert une nouvelle vie par une espèce de transformation admirable.

Tchouang-tseu, frappé de ces lumières, renonça à la charge qu'il possédait. Il prit même congé de Lao-tseu, et se mit à voyager, dans l'espérance d'acquérir de belles connaissances et de faire de nouvelles découvertes.

Cependant quelque ardeur qu'il eût pour le dégagement et le repos du cœur, il ne renonça pas aux plaisirs de l'union conjugale. Il se maria successivement jusqu'à trois fois. Sa première femme lui fut promptement enlevée par une maladie; il répudia la seconde pour une faute qu'elle avait commise. La troisième sera le sujet de cette histoire.

BIBLIOTH. NATIONALE RF

Le roi de Tsou députa à Tchouang-tseu des officiers avec de riches présents.

Elle s'appelait Tian, et descendait des rois de Tsi. Tchouang-tseu s'était fait beaucoup estimer dans ce royaume, et un des principaux de cette famille, nommée Tian, épris de son mérite, lui donna sa fille en mariage.

Cette nouvelle épouse l'emportait de beaucoup sur les deux autres qu'il avait eues. Son teint avait la blancheur de la neige, et sa taille était élégante et légère comme celle d'une immortelle. Aussi, quoique ce philosophe ne fût pas naturellement passionné, il aima tendrement cette dernière épouse.

Cependant le roi de Tsou, étant informé de la haute réputation de Tchouang-tseu, prit le dessein de l'attirer dans ses États : il lui députa des officiers de sa cour avec de riches présens en or et en soieries, pour l'inviter à entrer dans son conseil en qualité de premier ministre.

Tchouang-tseu, loin de se laisser éblouir à ces offres, répondit en soupirant par cet apologue : « Une génisse destinée aux sacrifices, et nourrie depuis long-temps avec délicatesse, marchait en pompe, chargée de tous les ornemens dont on pare les victimes. Au milieu de cette espèce de triomphe, elle aperçut sur sa route des bœufs attelés, qui suaient sous la charrue. Cette vue redoubla sa fierté. Mais, après avoir été introduite dans le temple, lorsqu'elle vit le couteau levé et prêt à l'immoler, elle eût bien voulu être à la place de ceux dont elle méprisait le malheureux sort. Ses souhaits furent inutiles; il lui en coûta la vie. » Ce fut ainsi que Tchouang-tseu refusa honnêtement et les présens et les offres du roi.

Peu après il se retira avec sa femme dans le royaume de Soung, qui était sa terre natale. Il choisit pour sa demeure l'agréable montagne de Nan-hoa, dans le district de Tsao-tcheou, afin d'y passer sa vie en philosophe, et d'y goûter, loin du bruit et du tumulte, les innocens plaisirs de la campagne.

Un jour qu'il promenait ses rêveries au bas de la montagne, il se trouva insensiblement proche des sépultures de l'habitation voisine. Cette multitude de tombeaux le frappa. « Hélas! s'écria-t-il en gémissant, les voilà donc tous égaux; il n'y a plus de rang ni de distinction. L'homme le plus ignorant et le plus stupide est confondu avec le sage : un sépulcre est enfin la demeure éternelle de tous les hommes : quand

Un jour qu'il promenait ses rêveries.

on a une fois pris sa place dans le séjour des morts, il n'y a plus de retour à la vie. »

Après s'être occupé pendant quelque temps de ces tristes réflexions, il avança le long de ces sépultures et se trouva, sans y penser, près d'un tombeau nouvellement construit. La petite éminence faite de terre battue n'était pas encore entièrement sèche. Tout auprès était assise une jeune dame en grand deuil. Elle était placée un peu à côté du sépulcre, tenant à la main un éventail blanc, dont elle éventait sans cesse l'extrémité supérieure du tombeau.

Tchouang-tseu, surpris de cette aventure : « Oserais-je, lui dit-il, vous demander de qui est ce tombeau, et pourquoi vous vous donnez tant de peine pour l'éventer? Sans doute qu'il y a quelque mystère que j'ignore? » La jeune dame, sans se lever, et continuant toujours à remuer l'éventail, dit quelques mots entre ses dents, et répandit des larmes; ce qui faisait voir que la honte plutôt que la timidité naturelle l'empêchait de s'expliquer.

Enfin elle lui fit cette réponse : « Vous voyez une veuve au tombeau de son mari, la mort me l'a malheureusement ravi : celui dont les os reposent sous cette tombe m'a été bien cher durant sa vie; il m'aimait avec une égale tendresse; même en expirant, il ne pouvait me quitter. Voici quelles furent ses dernières paroles : Ma chère épouse, me dit-il, si dans la suite tu songeais à un nouveau mariage, je te conjure d'attendre que l'extrémité de mon tombeau soit entièrement desséchée. Je te permets alors de te remarier. Or, j'ai fait réflexion que la surface de cette terre nouvellement amoncelée ne sécherait pas aisément; c'est pourquoi vous me voyez occupée à l'éventer continuellement, afin de dissiper l'humidité. »

A un aveu si naïf, le philosophe eut bien de la peine à s'empêcher de rire. Il se posséda néanmoins, mais il se disait en lui-même : « Voilà une femme bien pressée! Comment ose-t-elle se vanter d'avoir aimé son mari, et d'en avoir été aimée? Qu'eût-elle donc fait s'ils se fussent haïs? » Puis, lui adressant la parole : « Vous souhaitez donc, lui dit-il, que le dessus de ce tombeau soit bientôt sec? Mais, étant aussi délicate que vous êtes, vous serez bientôt lasse et les forces vous manqueront; agréez que je vous aide. » Aussitôt la jeune femme se leva, et, fai-

Vous voyez une veuve au pied du tombeau de son mari.

sant une profonde révérence, elle accepta l'offre, et lui présenta un éventail tout semblable au sien.

Alors, Tchouang-tseu, qui avait l'art d'évoquer les esprits, les appela à son secours. Il donna quelques coups d'éventail sur le tombeau, et bientôt toute l'humidité disparut. La dame, après avoir remercié son bienfaiteur avec un visage gai et riant, tira d'entre ses cheveux une aiguille de tête d'argent, et la lui présenta avec l'éventail dont elle s'était servie, le priant d'accepter ce petit présent comme une marque de reconnaissance. Tchouang-tseu refusa l'aiguille de tête et retint l'éventail; après quoi la dame se retira fort satisfaite. Sa joie éclatait dans sa contenance et sa démarche.

Pour ce qui est de Tchouang-tseu, il demeura tout interdit, et, s'abandonnant aux réflexions qui naissaient d'une pareille aventure, il retourna dans sa maison. Assis dans sa chaumière, il considéra pendant quelque temps l'éventail; puis, jetant un grand soupir, il dit les vers suivans :

> Ne dirait-on pas que deux personnes ne s'unissent ensemble que par un reste de haine conservée dès la vie précédente.

Et qu'elles se cherchent dans le mariage afin de se maltraiter le plus long-temps qu'elles peuvent?
C'est donc ainsi, à ce que je vois, qu'on est indignement oublié après sa mort par la personne qu'on avait le plus chérie.
Qu'il faut être insensé pour aimer durant sa vie tant de cœurs volages!

La dame Tian était derrière son mari, sans en être aperçue. Après avoir ouï ce qu'il venait de dire, elle s'avança tant soit peu, et se faisant voir : « Peut-on savoir, lui dit-elle, ce qui vous fait soupirer, et d'où vient cet éventail que vous tenez à la main? » Tchouang-tseu lui raconta l'histoire de la jeune veuve, et tout ce qui s'était passé au tombeau de son mari, où il l'avait trouvée.

A peine eut-il achevé son récit, que la dame Tian, le visage allumé d'indignation et de colère, chargea cette jeune veuve de mille malédictions, l'appela l'opprobre du genre humain et la honte de son sexe. Puis, regardant Tchouang-tseu : « Je l'ai dit, et il est vrai, c'est là un monstre d'insensibilité. Se peut-il trouver nulle part un si mauvais cœur? »

Tchouang-tseu dit encore les quatre vers suivans :

Tandis qu'un mari est en vie, quelle est la femme qui ne le flatte et ne le loue?
Est-il mort? la voilà prête à prendre l'éventail, pour faire au plus tôt sécher le tombeau.
La peinture représente bien l'extérieur d'un animal; mais elle ne montre pas ce qu'il est en dedans.
On voit le visage d'une personne; mais on ne voit pas le cœur.

A ce discours, Tian-chi entra dans une grande colère. « Les hommes, s'écria-t-elle, sont tous égaux quant à leur nature. C'est la vertu ou le vice qui met entre eux la différence. Comment avez-vous la hardiesse de parler de la sorte en ma présence, de condamner toutes les femmes, et de confondre injustement celles qui ont de la vertu avec des malheureuses qui ne méritent pas de vivre? N'avez-vous pas honte de porter des jugemens si injustes, et ne craignez-vous pas d'en être puni? »

— « A quoi bon tant de déclamations, répliqua le philosophe? Avouez-le de bonne foi : si je venais à mourir maintenant, restant comme vous êtes, à la fleur de votre âge, avec la beauté et l'enjouement que vous avez, seriez-vous d'humeur à laisser couler trois, et même cinq années, sans penser à un nouveau mariage? »

— « Ne dit-on pas, répondit la dame : Un ministre fidèle ne sert pas un second prince; une vertueuse veuve ne pense jamais à un second mari. A-t-on jamais vu des dames de mon rang, qui, après avoir été mariées, aient passé d'une famille à une autre, et qui aient quitté le lit de leurs noces, après avoir perdu leur époux? Si pour mon malheur vous me réduisiez à l'état de veuve, sachez que je serais incapable d'un telle action, qui serait la honte de notre sexe, et que de secondes noces ne me tenteraient pas, je ne dis point avant le terme de trois ou de cinq ans, mais durant toute la vie. Oui, cette pensée ne me viendrait pas même en songe. C'est là ma résolution, et rien ne pourrait m'ébranler. »

« De semblables promesses, reprit Tchouang-tseu, se font aisément, mais elles ne se gardent pas de même. »

Ces paroles mirent encore la dame de mauvaise humeur, et elle éclata en paroles peu respectueuses. « Sachez, dit-elle, qu'une femme a souvent l'âme plus noble et plus constante dans son affection conjugale, que ne l'a un homme de votre caractère. Ne dirait-on pas que vous

Oui, cette pensée ne me viendrait pas même en songe.

êtes un parfait modèle de fidélité? Votre première femme meurt, peu après vous en prenez une seconde : celle-ci, vous la répudiez : je suis enfin la troisième. Vous jugez des autres par vous-même, et c'est pour cela que vous en jugez mal. Pour ce qui est de nous autres femmes mariées à des philosophes, qui faisons profession, comme eux, d'une vertu austère, il nous est bien moins permis de nous remarier : si nous le faisions, nous deviendrions un objet de risée. Mais vous vous portez bien; à quoi bon ce langage, et quel plaisir prenez-vous à me chagriner? »

Alors, sans rien dire davantage, elle se jette sur l'éventail que son mari tenait à la main : elle le lui arrache, et de dépit elle le met en pièces. « Calmez-vous, dit Tchouang-tseu, votre vivacité me fait plaisir, et je suis ravi que vous preniez feu sur un pareil sujet. » La dame se calma en effet, et on parla d'autre chose.

A quelques jours de là, Tchouang-tseu tomba dangereusement malade, et bientôt il fut à l'extrémité. La dame Tian ne quittait pas le chevet du lit, fondant en pleurs, poussant de continuels sanglots. « A ce que je vois, dit

Tchouang-tseu, je n'échapperai pas de cette maladie : ce soir ou demain matin, il faudra nous dire un éternel adieu : quel dommage que vous ayez mis en pièces l'éventail que j'avais apporté! il vous aurait servi à éventer et faire sécher la terre de mon tombeau. »

« Eh! de grâce, monsieur, s'écria la dame, en l'état où vous êtes, ne vous mettez pas dans la tête des soupçons si chagrinans pour vous, et si injurieux pour moi. J'ai étudié nos livres, je sais nos rits : mon cœur vous a été une fois donné, il ne sera jamais à un autre, je vous le jure; et si vous doutez de ma sincérité, je consens, et je demande de mourir avant vous, afin que vous soyez bien persuadé de mon fidèle attachement. »

— « Cela suffit, reprit Tchouang-tseu; je suis rassuré sur la constance de vos sentimens à mon égard. Hélas! je sens que j'expire, et mes yeux se ferment à jamais pour vous. » Après ces paroles, il demeura sans respiration et sans le moindre signe de vie.

Alors la dame éplorée, et jetant les plus hauts cris, embrassa le corps de son mari, et le tint long-temps serré entre ses bras. Après quoi

.. Un jeune bachelier bien fait et d'un teint brillant :
Il avait un habit de soie...

elle se couvrit d'un long vêtement de deuil. Nuit et jour elle fait retentir tous les environs de ses plaintes et de ses gémissemens, et donne les démonstrations de la plus vive douleur. Elle la portait à un tel excès qu'on eût dit qu'elle était à demi folle : elle ne voulait prendre ni nourriture ni sommeil.

Les habitans de l'un et l'autre côté de la montagne vinrent rendre les derniers devoirs au défunt qu'ils savaient être un sage du premier ordre. Lorsque la foule commençait à se retirer, on vit arriver un jeune bachelier bien fait et d'un teint brillant : rien de plus galant que sa parure. Il avait un habit de soie violet et un bonnet noir, une ceinture brodée et des souliers rouges; un vieux domestique le suivait. Ce seigneur fit savoir qu'il descendait des rois de Tsou « Il y a quelques années, dit-il, que j'avais déclaré au philosophe Tchouang-tseu que j'étais dans la résolution de me faire son disciple : je venais à ce dessein, et j'apprends à mon arrivée qu'il est mort : quel dommage! quelle perte! »

Aussitôt il quitte son habit de couleur, et se fait apporter un habit de deuil; ensuite s'étant rendu près du cercueil, il frappa quatre fois de la tête contre terre, et s'écria d'une voix entrecoupée de sanglots : « Sage et savant Tchouang! « votre disciple est malheureux, puisqu'il n'a pu « vous trouver en vie, et profiter à loisir de « vos leçons; je veux au moins vous marquer « mon attachement et ma reconnaissance en « restant ici en deuil pendant l'espace de cent « jours. » Après ces dernières paroles, il se prosterna encore quatre fois, arrosant la terre de ses larmes.

Ensuite il demanda à voir la dame pour lui faire son compliment; elle s'excusa deux ou trois fois de paraître. Wang-sun (c'est-à-dire le petit-fils du roi) représenta que selon les anciens rits, les femmes pouvaient se laisser voir lorsque les intimes amis de leur mari lui rendaient visite. « J'ai encore, ajouta-t-il, plus de raison de jouir de ce privilège, puisque je devais loger chez le savant Tchouang-tseu, en qualité de son disciple. »

A ces instances, la dame se laisse fléchir, elle sort de l'intérieur de sa maison, et, d'un pas lent, elle s'avance dans la salle pour recevoir les complimens de condoléance; ils se firent en peu de mots et en termes généraux.

Dès que la dame vit les belles manières, l'esprit et les agrémens de ce jeune seigneur, elle en fut charmée, et elle sentit au fond de l'âme les mouvemens d'une passion naissante, qu'elle ne démêlait pas bien elle-même, mais qui lui firent souhaiter qu'il ne s'éloignât pas sitôt.

Wang-sun la prévint en disant : « Puisque j'ai eu le malheur de perdre mon maître, dont la mémoire me sera toujours chère, j'ai envie de chercher ici près un petit logement où je resterai les cent jours de deuil; puis, j'assisterai aux funérailles. Je serais bien aise aussi de lire, durant ce temps-là, les ouvrages de cet illustre philosophe : ils me tiendront lieu des leçons dont je suis privé. »

« Ce sera un honneur pour notre maison, répondit la dame, je n'y vois d'ailleurs aucun inconvénient. » Sur quoi elle prépara un petit repas et le fit servir.

Pendant le repas, elle ramassa sur un pupitre bien propre les compositions de Tchouang-tseu, elle y joignit le livre du Tao-te, présent de Lao-tseu, et elle vint offrir le tout à Wang-sun qui le reçut avec sa politesse naturelle.

A côté de la salle du mort où était le cercueil, il y avait, sur une des ailes, deux chambres qui regardaient cette salle tout ouverte par devant; elles furent destinées au logement du jeune seigneur. La jeune veuve venait fréquemment dans cette salle pour pleurer sur le cercueil de son mari; puis, en se retirant, elle disait quelques mots d'honnêteté à Wang-sun qui se présentait pour la saluer. Dans ses fréquentes entrevues, bien des œillades échappaient qui trahissaient les cœurs de l'un et de l'autre.

Wang-sun était déjà à demi pris, et la jeune veuve l'était tout-à-fait; ce qui lui faisait plaisir, c'est qu'ils se trouvaient placés à la campagne, et dans une maison peu fréquentée, où la négligence des rits du deuil ne pouvait guère éclater. Mais, comme il coûte toujours à une femme de faire les premières démarches, elle s'avisa d'un expédient. Elle fit venir secrètement le vieux domestique du jeune seigneur. Elle lui fit d'abord boire quelques coups de bon vin, elle le flatta et l'amadoua; ensuite elle vint insensiblement jusqu'à lui demander si son maître était marié? « Pas encore, répondit-il. — Eh! continua-t-elle, quelles qualités voudrait-il trouver dans une personne pour en faire son épouse? »

Le valet, que le vin avait rendu gai, répliqua aussitôt : « Je lui ai ouï dire que, s'il en trouvait une qui vous ressemblât, il serait au comble de ses désirs. » Cette femme repartit incontinent : « Ne mens-tu point? M'assures-tu qu'il ait parlé de la sorte? — Un vieillard comme moi, répondit-il, serait-il capable de mentir, et aurait-il le front d'en imposer à une personne de votre mérite? — Hé bien! poursuivit-elle, tu es très-propre à ménager mon mariage avec ton maître, tu ne perdras pas ta peine; parle-lui de moi, et, si tu vois que je lui agrée, assure-le que je regarderais comme un grand bonheur d'être à lui.

« Il n'est pas besoin de le sonder sur cet article, dit le valet, puisqu'il m'a avoué franchement qu'un pareil mariage serait tout-à-fait de son goût. Mais, ajoutait-il, cela n'est pas possible, parce que je suis disciple du défunt : on en gloserait dans le monde.

« Bagatelle que cet empêchement, reprit la veuve passionnée, ton maître n'a point été réellement disciple de Tchouang-tseu : il n'avait fait que promettre de le devenir, ce n'est pas l'avoir été. D'ailleurs étant à la campagne et à l'écart, qui songerait à parler de notre mariage? Va, quand il surviendrait quelque autre obstacle, tu es assez habile pour le lever, et je reconnaîtrai libéralement tes services. » Elle lui versa en même temps plusieurs coups d'excellent vin pour le mettre en bonne humeur.

Il promit donc d'agir, et, comme il s'en allait, elle le rappela. « Écoute, dit-elle, si ton maître accepte mes offres, viens au plus tôt m'en apporter la nouvelle à quelque heure du jour et de la nuit que ce soit; je t'attendrai avec impatience. »

Après qu'elle l'eut quitté, elle fut d'une inquiétude extraordinaire; elle alla bien des fois dans la salle sous divers prétextes; mais, au fond, c'était pour s'approcher un peu de la chambre du jeune seigneur. A la faveur des ténèbres, elle écoutait à la fenêtre de la chambre, se flattant qu'on y parlait de l'affaire qu'elle avait si fort à cœur.

Pour lors, passant assez près du cercueil, elle entendit quelque bruit, elle tressaillit de peur. « Hé! quoi, dit-elle tout émue, serait-ce que le défunt donnerait quelque signe de vie? »

Elle lui fit d'abord boire quelques coups de bon vin.

Elle rentre au plutôt dans sa chambre, et, prenant la lampe, elle vient voir ce qui avait causé ce bruit. Elle trouve le vieux domestique étendu sur la table posée devant le cercueil pour y brûler des parfums et y placer des offrandes à certaines heures. Il était là à cuver le vin que la dame lui avait fait boire. Toute autre femme aurait éclaté à une pareille irrévérence à l'égard du mort. Celle-ci n'osa se plaindre ni même éveiller cet ivrogne. Elle va donc se coucher; mais il ne lui fut pas possible de dormir.

Le lendemain elle rencontra ce valet qui se promenait froidement, sans songer même à lui rendre réponse de sa commission. Ce froid et ce silence la désolèrent. Elle l'appela, et, l'ayant introduit dans sa chambre : « Eh bien, dit-elle, comment va l'affaire dont je t'ai chargé? — Il n'y a rien à faire, répondit-il sèchement. — Eh! pourquoi donc, reprit-elle? Sans doute tu n'auras pas retenu ce que je t'ai prié de dire de ma part, ou tu n'as pas su le faire valoir. — Je n'ai rien oublié, poursuivit le domestique; mon maître a été même ébranlé; il trouve l'offre avantageuse et est satisfait de ce que vous avez répliqué sur l'obstacle qu'il envisageait d'abord dans sa qualité de disciple de Tchouang-tseu. Ainsi cette considération ne l'arrête plus. Mais, m'a-t-il dit, il y a trois autres obstacles insurmontables, et j'aurais de la peine à les déclarer à cette jeune veuve.

— Voyons un peu, reprit la dame, quels sont ces trois obstacles. — Les voici, poursuivit le vieux domestique, tels que mon maître me les a rapportés : 1° le cercueil du mort étant exposé encore dans la salle, c'est une scène bien lugubre : comment pourrait-on s'y réjouir et célébrer des noces? 2° L'illustre Tchouang ayant si fort aimé sa femme, et elle ayant témoigné pour lui une si tendre affection, fondée sur sa vertu et sa grande capacité, j'ai lieu de craindre que le cœur de cette dame ne reste toujours attaché à son premier mari, surtout lorsqu'elle trouvera en moi si peu de mérite. 3° Enfin, je n'ai pas ici mon équipage; je n'ai ni meubles, ni argent : où prendre des présens de noces, et de quoi faire des repas? Dans le lieu où nous sommes, je ne trouverais pas même à qui emprunter. Voilà, madame, ce qui l'arrête.

— Ces trois obstacles, répondit-elle, vont être levés à l'instant, et il ne faut pas beaucoup

... Prenant la lampe, elle vient voir ce qui avait causé ce bruit.

y rêver. Quant au premier article : cette machine lugubre, que renferme-t-elle? Un corps inanimé, dont on n'a rien à craindre. J'ai dans un coin de mon terrain une vieille masure; quelques paysans du voisinage que je ferai venir y transporteront cette machine, sans qu'elle paraisse ici davantage. Voilà déjà un obstacle levé.

Quant au second article, ah! vraiment feu mon mari était bien ce qu'il paraissait être, un homme d'une rare vertu et d'une grande capacité. Avant de m'épouser, il avait déjà répudié sa seconde femme : c'était un beau ménage, comme tu vois. Sur le bruit de sa réputation, qui était assez mal fondé, le dernier roi de Tsou lui envoya de riches présens, et voulut le faire son premier ministre. Lui, qui sentait son incapacité très-réelle, et qui vit qu'elle éclaterait dans un pareil emploi, prit la fuite, et vint se cacher dans ce lieu solitaire. Il n'y a qu'un mois que, se promenant seul au bas de la montagne, il rencontra une jeune veuve occupée à faire sécher à coups d'éventail l'extrémité supérieure du tombeau de son mari, parce qu'elle ne devait se remarier que quand il serait sec. Tchouang l'accosta, la cajola, lui ôta des mains l'éventail, et se mit à en jouer pour lui plaire, en séchant au plus vite le tombeau. Ensuite il voulut retenir cet éventail comme un gage de son amitié, et l'apporta ici ; mais je le lui arrachai des mains et le mis en pièces. Étant sur le point de mourir, il remit cette histoire sur le tapis, ce qui nous brouilla encore ensemble. Quels bienfaits ai-je reçus de lui, et quelle amitié m'a-t-il tant témoignée ? Ton maître est jeune ; il aime l'étude ; il se fera immanquablement un nom dans la littérature : sa naissance le rend déjà illustre ; il est, comme moi, du sang des rois. Voilà entre nous un rapport admirable de conditions. C'est le ciel qui l'a conduit ici pour nous unir. Telle est notre destinée.

Il ne reste plus que le troisième empêchement. Pour ce qui regarde les bijoux et le repas des noces, c'est moi qui y pourvoirai. Crois-tu que j'aie été assez simple pour ne pas me faire un petit trésor de mes épargnes ? Tiens, voilà déjà vingt taëls ; va les offrir à ton maître ; c'est pour avoir des habits neufs ; pars au plus vite, et informe-le bien de tout de que je viens de te dire. S'il donne son consentement, je vais tout préparer pour célébrer ce soir même la fête de notre mariage.

Le valet reçut les vingt taëls, et alla rapporter tout l'entretien à Wang-sun, qui enfin donna le consentement si fort souhaité. Dès que la dame eut appris cette agréable nouvelle, elle fit éclater sa joie en cent manières. Elle quitte aussitôt ses habits de deuil, elle se pare, s'ajuste, se farde, tandis que, par ses ordres, on transporte le cercueil dans la vieille masure. La salle fut à l'instant nettoyée et ornée pour la cérémonie de l'entrevue et des noces. En même temps on préparait le festin, afin que rien ne manquât à la réjouissance.

Sur le soir, la jeune dame fit préparer la chambre nuptiale : la salle fut éclairée d'un grand nombre de belles lanternes garnies de flambeaux. Sur la table du fond était le grand cierge nuptial. Lorsque tout fut prêt, Wang-sun parut avec un habit et un ornement de tête qui relevaient beaucoup la beauté de ses traits et de sa taille. La dame vint aussitôt le joindre, couverte d'une longue robe de soie enrichie d'une broderie très fine : ils se placèrent l'un à côté de l'autre, vis-à-vis le flambeau nuptial :

c'était un assemblage charmant. Ainsi rapprochés ils se donnaient mutuellement de l'éclat l'un à l'autre, à peu près comme des pierreries et des perles rehaussent la beauté d'un drap d'or, et en paraissent plus belles.

Après avoir fait les révérences accoutumées dans une pareille cérémonie, et s'être souhaité toutes sortes de prospérités dans leur mariage, ils se prirent par la main et passèrent dans l'appartement intérieur : là ils pratiquèrent le grand rit, de boire tous deux, l'un après l'autre, dans la coupe d'alliance. Après quoi il se mirent à table.

Le festin étant fini, et lorsqu'ils étaient sur le point de se coucher, il prit tout-à-coup au jeune époux d'horribles convulsions : son visage paraît tout défiguré, ses sourcils se froncent et s'élèvent, sa bouche fait d'affreuses contorsions : il ne peut plus faire un pas, et, voulant monter sur le lit, il tombe par terre. Là, étendu tout de son long, il se frotte la poitrine des deux mains, criant de toutes ses forces qu'il a un mal de cœur qui le tue.

La dame éperdument amoureuse de son nouvel époux, sans penser ni au lieu où elle est,

Son vieux domestique, accourant au bruit, le prend entre ses bras.

ni à l'état où elle se trouve, crie au secours, et se jette à corps perdu sur Wang-sun. Elle l'embrasse, elle lui frotte la poitrine où était la violence de la douleur : elle lui demande quelle est la nature de son mal? Wang-sun souffrait trop pour répondre. On eût dit qu'il était près d'expirer.

Son vieux domestique, accourant au bruit, le prend entre ses bras, et l'agite. Mon cher Wang-sun, s'écria la dame, a-t-il déjà éprouvé de semblables accidens? Cette maladie l'a déjà pris plusieurs fois, répondit le valet; il n'y a guères d'année qu'il n'en soit attaqué. Un seul remède est capable de le sauver. Dis-moi vite, s'écria la nouvelle épouse, quel est ce remède? Le médecin de la famille royale, continua le valet, a trouvé ce secret, qui est infaillible. Il faut prendre de la cervelle d'un homme nouvellement tué, et lui en faire avaler dans du vin chaud; aussitôt les convulsions cessent, et il est sur pied. La première fois que ce mal le prit, le roi, son parent, ordonna qu'on fît mourir un prisonnier qui méritait la mort, et qu'on prît de sa cervelle : il fut guéri à l'instant. Mais hélas! où en trouver maintenant?

Mais, reprit la dame, est-ce que la cervelle d'un homme qui meurt de sa mort naturelle, n'aurait pas un bon effet? Notre médecin, reprit le vieux domestique, nous avertit qu'au besoin on pourrait absolument se servir de la cervelle d'un mort, pourvu qu'il n'y eût pas quarante-neuf jours qu'il fût expiré, parce que la cervelle, n'étant pas encore desséchée, conserve sa vertu.

Hé! s'écria la dame, il y a vingt jours que mon mari est mort; il n'y a qu'à ouvrir son cercueil, et y prendre un remède si salutaire. J'y avais bien pensé, répliqua le valet; je n'osais vous le proposer, et je craignais que cette seule pensée ne vous fit horreur. Bon, répondit-elle, Wang-sun n'est-il pas à présent mon mari : s'il fallait de mon sang pour le guérir, est-ce que j'y aurais regret? Et j'hésiterais par respect pour un cadavre qui bientôt va tomber en poussière!

Sur-le-champ elle laisse Wang-sun entre les bras du vieux domestique : elle prend d'une main la hache destinée à fendre le bois de chauffage, et la lampe de l'autre : elle court avec précipitation vers la masure où était le cercueil : elle retrousse ses longues manches, empoigne la hache des deux mains, l'élève, et de toutes

Jetant les yeux sur le cercueil, elle voit que son premier mari...

ses forces en décharge un grand coup sur le couvercle du cercueil, et le fend en deux.

La force d'une femme n'aurait pas été suffisante pour un cercueil ordinaire. Mais Tchouang-tseu, par un excès de précaution et d'amour pour la vie, avait ordonné que les planches de son cercueil fussent très-minces.

Ainsi du premier coup la planche fut fendue : quelques autres coups achevèrent d'enlever le couvercle. Comme ce mouvement extraordinaire l'avait essoufflée, elle s'arrêta un moment pour prendre haleine. Au même instant elle entend pousser un grand soupir; et jetant les yeux sur le cercueil, elle voit que son premier mari se remue et se met sur son séant.

On peut juger quelle fut la surprise de la dame Tian. La frayeur subite dont elle fut saisie lui fit pousser un grand cri : ses genoux se dérobent sous elle; et dans le trouble où elle se trouve, la hache lui tombe des mains sans qu'elle s'en aperçoive.

Ma chère épouse, lui dit Tchouang, aidez-moi un peu à me lever. Dès qu'il fut sorti du cercueil, il prend la lampe, et s'avance vers l'appartement. La dame le suivait, mais d'un pas chancelant et suant à grosses gouttes, parce qu'elle y avait laissé le jeune Wang-sun et son valet, et que ce devait être le premier objet qui se présenterait à la vue de son mari.

Lorsqu'ils entrèrent dans la chambre, tout y parut orné et brillant : mais heureusement Wang-sun et le valet ne s'y trouvèrent pas. Elle se rassura un peu, et songea aux moyens de plâtrer une si mauvaise affaire : ainsi jetant un regard tendre sur Tchouang-tseu : « Votre petite esclave, lui dit-elle, depuis le moment de votre mort, était occupée jour et nuit de votre cher souvenir : enfin, ayant entendu un bruit assez distinct qui venait du cercueil, et me ressouvenant des histoires qu'on rapporte de certains morts qui sont retournés à la vie, je me suis flattée que vous pourriez bien être de ce nombre : j'ai donc couru au plus vite, et j'ai ouvert le cercueil. Béni soit le ciel, mon espérance n'a pas été trompée : quel bonheur pour moi de retrouver un mari si cher, dont je pleurais continuellement la perte! »

Je vous suis obligé, dit Tchouang-tseu, d'un si grand attachement pour moi. J'ai pourtant une petite question à vous faire : pourquoi n'étiez-vous pas en deuil? Comment vous vois-je vêtue d'un habit de brocard brodé?

La réponse fut bientôt prête : J'allais, dit-elle, ouvrir le cercueil avec un secret pressentiment de mon bonheur : la joie dont je devais être comblée ne demandait pas un vêtement lugubre, et il n'était pas convenable de vous recevoir plein de vie dans des habits de deuil : c'est ce qui m'a fait prendre mes habits de noces.

A la bonne heure, dit Tchouang-tseu, passons cet article. Pourquoi mon cercueil se trouve-t-il dans cette masure, et non dans la salle, où naturellement il devait être? Cette question embarrassa la dame, et elle ne put y répondre.

Tchouang-tse jetant les yeux sur les plats, sur les tasses, et sur tous les autres signes de réjouissance, les considéra attentivement : et puis, sans s'expliquer, il demanda du vin chaud pour boire : il en avala plusieurs coups, sans dire un seul mot, tandis que la dame était fort intriguée. Après quoi il prit du papier et le pinceau, et il écrivit les vers suivans :

> Épouse infidèle, ta conduite passée est celle d'un implacable ennemi.

Aujourd'hui tu me parles de ta tendresse; mais je n'en suis nullement touché.
Si je consentais à vivre avec toi comme un bon mari doit faire avec sa femme,
N'aurais-je pas à craindre que tu ne vinsses me fendre la tête d'un coup de hache?

Cette méchante femme, ayant lu ces vers, changea tout-à-coup de couleur; et, dans la confusion dont elle était couverte, elle n'osa ouvrir la bouche. Tchouang-tseu continua à écrire quatre autres vers, dont voici le sens :

Qu'ai-je gagné par tant de témoignages de la plus tendre amitié?
Un inconnu n'a eu qu'à paraître, j'ai été aussitôt oublié.
On est venu m'assaillir dans le cercueil à grands coups de hache :
C'est un empressement bien plus grand que celui de sécher le tombeau avec l'éventail.

Après quoi Tchouang-tseu dit à la dame : « Regarde ces deux hommes qui sont derrière toi », et il les montrait du doigt. Elle se tourne, et aperçoit Wang-sun et son vieux domestique, qui étaient près d'entrer dans la maison. Ce fut pour elle un nouveau sujet de frayeur. Ayant tourné une seconde fois la tête, elle s'aperçut qu'ils avaient disparu.

Enfin cette malheureuse, au désespoir de voir ses intrigues découvertes, et ne pouvant plus survivre à sa honte, se retire à l'écart. Là, elle dénoue sa ceinture de soie, et se pend à une poutre. Fin déplorable, où conduit d'ordinaire une passion honteuse à laquelle on se livre! Celle-ci pour le coup est sûrement morte sans aucune espérance de retour à la vie.

Tchouang-tseu l'ayant trouvée en cet état, la détache, et, sans autre façon, va raccommoder un peu le cercueil brisé, où il enferme le cadavre. Ensuite, faisant un carillon ridicule, en frappant sur les pots, sur les plats, et sur les autres ustensiles qui avaient servi au festin des noces, il entonna la chanson suivante, appuyé sur un côté du cercueil :

Grosse masse sans âme! durant ta vie nous avons été unis ensemble;
Mais fus-je jamais bien ton mari et te dois je regarder comme ma femme?
Le pur hasard nous réunit, ma malheureuse destinée nous plaça sous le même toit.

Le terme est enfin expiré ; j'en suis quitte.
Si nous fûmes unis, nous voilà éternellement séparés, ingrate et infidèle.
Dès que tu me crus mort, ton cœur volage passa à un autre.
Il fit voir ce qu'il était : avait-il été auparavant un moment à moi ?
Il n'y a qu'un instant que tu te donnais un nouvel époux ;
Serais-tu morte pour aller le rejoindre dans le séjour des ombres ?
Les plaisantes funérailles dont tu m'honorais !
Tu me régalais d'un grand coup de hache.
Ce sont ici de vraies funérailles ;
C'est pour te consoler qu'est faite cette chanson avec sa symphonie.
Le sifflement de la hache se fit entendre à mes oreilles,
Et il me délivra du sommeil de la mort.
Les accens de ma voix dans ce concert
ont dû aller jusqu'à toi.
Je crève de dépit et de joie : mettons en pièces ces pots et ces plats de terre, ridicules instrumens de ma symphonie :
La fête de tes obsèques est finie. O ! qui t'aurait bien connue ! Tu dois à-présent me connaître.

Tchouang-tseu, ayant achevé de chanter, se mit à rêver un moment, et il fit ces quatre vers :

Te voilà morte, il n'y a plus qu'à t'enterrer.
Quand tu me crus mort, tu disais : je me remarierai.

Si je m'étais trouvé véritablement mort.
Que de plaisanteries tu aurais faites sur mon compte!

Après quoi Tchouang-tseu fit de grands éclats de rire; et, donnant à droite et à gauche sur les ustensiles, il brisa tout. Il fit plus : il mit le feu à la maison, qui n'était couverte que de chaume. Ainsi tout fut bientôt réduit en cendre : et ce fut là le bûcher de la malheureuse Tian, dont il ne resta plus de vestige. On ne sauva de l'incendie que le livre Tao-te. Ce furent des voisins qui le recueillirent, et qui le conservèrent.

Après cela Tchouang-tseu se remit à voyager, bien résolu de ne jamais se remarier. Dans ses voyages, il rencontra son maître Lao-tseu, à qui il s'attacha le reste de sa vie, et devint lui-même philosophe célèbre.

Le fameux Ou, dans un transport de jalousie, tue sa femme; c'est sa brutalité.
L'illustre Siun meurt presque de douleur à la mort de sa femme; c'est folie.
Le philosophe Tchouang s'égaye par le carillon des pots et des verres;
Il prend le parti de la liberté et se livre à la joie; voilà le maître que je veux suivre.

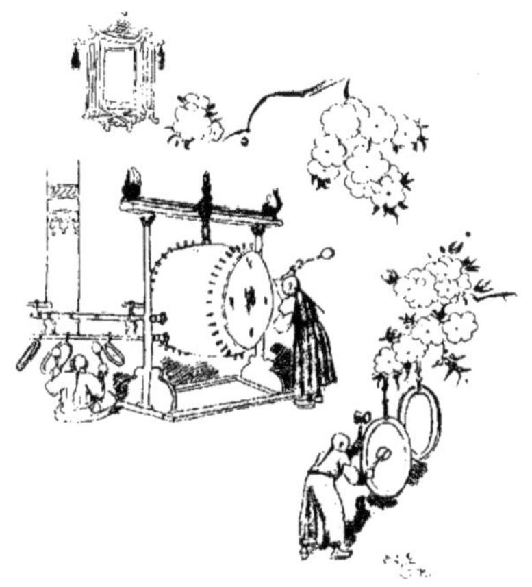

LES

DEUX JUMELLES

Au commencement du règne d'un empereur de la dynastie des Ming, il y avait dans une ville de la province de Hou-Kouang un marchand, nommé Siao-Kiang, qui avait le malheur de vivre en mauvaise intelligence avec sa femme. Ils furent privés d'enfans très-long-temps, mais enfin, au bout de quelques années, ils eurent deux filles jumelles. C'est une remarque vulgaire que les garçons ressemblent généralement au père et les filles à la mère; mais contre l'ordinaire, les deux sœurs n'avaient aucun des traits de leurs parens, et on les aurait prises pour les enfans d'une autre femme. Cette différence ne se bornait pas à leur extérieur, mais s'étendait également à leur esprit. Le père et la mère étaient d'une figure commune et d'un esprit borné; les filles, au contraire, étaient très belles, et, de plus, douées d'une intelligence remarquable. A peine avaient-elles atteint leur dixième année, qu'elles commencèrent à ressembler à de belles fleurs brillantes de rosée, ou à des herbes odoriférantes agitées par le zéphir; leur beauté augmenta de jour en jour, à tel point qu'à quinze ans on ne pouvait les considérer sans émotion. Ce n'était pas seulement les jeunes gens qui devenaient amoureux d'elles; les hommes d'un âge plus avancé reconnaissaient aussi le pouvoir de leurs charmes.

Elles avaient une grande facilité pour apprendre, et néanmoins elles savaient peu de chose, car toute leur science se bornait au calcul. Quant aux ouvrages d'aiguille et autres talens des femmes, il ne leur avait fallu que peu de leçons pour les acquérir. Leurs habits et leurs ornemens, à cause de leur état, étaient grossiers et communs. Cependant, quand on comparait ces jeunes filles aux demoiselles les plus riches et du plus haut rang, chacun avouait qu'elles n'avaient pas besoin de changer leur costume simple ni leurs bijoux de métal contre les soieries ni les pierres précieuses.

Si belles et si attrayantes, elles furent recherchées par des jeunes gens riches et de bonne famille.

Siao-kiang et sa femme vivaient plutôt en ennemis qu'en époux. Le premier voulait marier ses filles sans que sa femme s'en mêlât; celle-ci, d'un autre côté, voulait se procurer deux gendres à l'insu de son mari; c'est avec le dessein de se tromper mutuellement qu'ils prirent chacun, en secret, des engagemens avec des amis différens.

Quoique le père fût sévère dans sa maison,

il était d'un naturel doux et aimant; il n'en était pas de même de sa femme, qui, pour peu qu'on l'irritât, faisait retentir tout le voisinage de ses emportemens. Les gens pensaient donc qu'il serait plus facile de tromper l'un que l'autre, et que, des deux, il fallait plutôt aider la femme que le mari. De là il arriva qu'elle réussit plutôt parmi ses partisans, et au bout de très-peu de temps, elle trouva un mari pour chacune de ses filles. On choisit un jour heureux pour la célébration du mariage, et les futurs furent priés d'envoyer les présens de noces; mais, afin d'éviter que son mari ne refusât son consentement à ces unions, elle ne lui donna connaissance de rien.

Il se trouva quelques personnes de bon sens qui dirent que c'était au père qu'il appartenait de choisir un mari pour sa fille, et que, si la mère refusait son consentement, on devait porter l'affaire devant le magistrat qui, à coup sûr, ne soutiendrait jamais une femme entêtée contre les droits du mari. Ces personnes cherchaient quelqu'un pour faire leurs propositions à ce dernier; mais malheureusement tous ceux à qui ils s'adressaient se trouvaient portés à le tromper, à raison de la peur que leur inspirait sa femme, ou bien ils avaient quelque prétexte tout prêt pour s'excuser de témoigner contre elle lorsqu'on les en priait. Ils n'osaient pas s'exposer à son ressentiment et ils disaient que s'ils offensaient le mari, ils pouvaient raisonner avec lui s'il se fâchait, et qu'ils avaient la ressource de se plaindre au magistrat s'il commettait quelque violence; mais que, si la femme se trouvait offensée et qu'elle se mît en colère, il ne serait pas convenable qu'ils se disputassent avec une femme; et, quand bien même elle leur dirait des injures ou les maltraiterait, ils ne pourraient rien lui faire, mais seraient obligés de tout endurer sans se venger. Ainsi donc il arriva que ceux qui désiraient faire faire des propositions au bon homme ne trouvèrent personne qui voulût s'en charger et furent obligés de s'en ouvrir eux-mêmes avec lui : il avait été très-piqué de voir que les gens s'adressait d'abord à sa femme sans l'avoir consulté ; ainsi, lorsqu'on lui proposa des partis pour ses filles, il s'empressa de donner son consentement avec la plus grande satisfaction et sans faire la moindre objection.

Les prétendans lui dirent que tout le monde craignait sa femme, ce qui était cause que personne ne voulait agir comme entremetteur, et ils lui demandèrent ce qu'il fallait faire « Quand les parties sont étrangères l'une à l'autre, répondit-il, il est nécessaire de se servir de ces sortes d'agens ; mais quand j'ai déjà donné mon consentement, que faut-il de plus ? » Cette réponse fit grand plaisir aux prétendans, et on choisit un jour heureux pour l'envoi et pour la réception des présens de noces.

Le plan du mari était conforme à celui de sa femme, et il avait décidé, ainsi qu'elle, de ne rien faire connaître d'avance, mais de laisser l'événement s'annoncer quand il aurait lieu. Le hasard voulut que les deux partis eussent choisi le même jour heureux et que les cadeaux des quatre prétendus fussent apportés au même instant à la porte. Les tamtams faisaient un si grand bruit et les différens objets qui composaient les présens étaient tellement étalés qu'on ne pouvait distinguer au nom de qui ils étaient offerts.

Il vint d'abord à l'idée que les fiancés, connaissant la mauvaise intelligence qui régnait entre les parens des demoiselles, et dans la crainte d'offenser l'un ou l'autre, avaient envoyé deux billets de cérémonie, l'un pour Siao-kiang, l'autre pour sa femme, pensant qu'il valait mieux mettre trop de cérémonie que pas assez. Quand on en vint à examiner ces billets de plus près, il se trouva, au grand étonnement de tous deux, que les noms ne se rapportaient pas et que chacune des cartes offraient des titres différens.

Le père et la mère se regardaient avec étonnement et ils éclatèrent en même temps. « D'où viennent, s'écria l'un, ces deux misérables qui se sont joints à mes gendres? Qui est-ce qui a envoyé tous ces présens pour être placés près des miens? »

« Qui aura l'audace, dit-il à sa femme, de recevoir un seul de ces cadeaux sans mon consentement? c'est moi qui suis le maître de la maison. — Et sans ma permission, à moi qui suis la maîtresse, répliqua-t-elle, qui osera toucher à rien de ce qui est ici? » A quoi le bon homme répondit : « C'est une maxime que la femme avant son mariage doit obéir à son père et ensuite à son mari; mes filles doivent donc maintenant m'obéir à moi qui suis leur père; et, quant à vous, j'ai le droit de vous gouverner puisque je suis votre mari. Pourquoi donc vous conduisez-vous de cette manière? — C'est, répliqua-t-elle sur-le-champ, une autre maxime, que le père doit avoir la direction du mariage de son fils, mais que celui de la fille regarde sa mère; s'il s'agissait d'un fils, vous pourriez donc faire comme il vous plairait : dans ce cas-ci, c'est moi seule qui ai le droit de commander; sous quel prétexte voulez-vous donc vous mêler de mes affaires? »

Des paroles, ils en seraient bientôt venus aux coups, si ceux qui étaient auprès d'eux ne les en eussent empêchés en les tenant séparés. La femme ne voulait plus rien entendre; elle reçut les présens de ses protégés dans l'ordre où ils étaient inscrits et dit aux gens d'aller rendre sa réponse. En même temps, elle donna ordre de mettre tous les autres objets hors de la porte et ne voulut pas qu'il en restât un seul dans la maison.

Son mari fut, comme de raison, très en colère de ce procédé, et, à son tour, il ordonna qu'on les rapportât tous, et, après avoir vidé lui-même les boîtes et les jattes, il écrivit une réponse qu'il envoya.

Il se doutait bien qu'il faudrait, en définitif, porter ce double mariage devant les magistrats; mais il différa de faire un rapport écrit, afin de voir ce qu'il pourrait obtenir par des mesures fortes et décisives. Il pria les parens des gendres qu'il s'était choisis de louer plusieurs hommes vigoureux pour les aider à enlever ses filles de force, pensant que si cette mesure venait à manquer, il serait encore à temps de présenter un mémoire.

Les parens adoptèrent cette idée avec empressement et choisirent un jour peu éloigné pour la célébration des noces. Ils payèrent une troupe d'hommes déterminés pour suivre les chaises à porteurs, dans l'espoir qu'ils réussiraient par le nombre.

Il leur restait à apprendre que ce projet eût pu être bon, s'ils avaient eu affaire à un homme, mais qu'un ennemi femelle n'est pas si vite abattu. La femme se plaça à sa porte, avec un des barreaux à la main, et à son air décidé, on voyait aisément qu'elle n'aurait aucune pitié de ceux qui essaieraient de passer le seuil. Tous s'enfuirent comme des souris vers leurs trous, en laissant derrière eux la moitié des chaises à porteurs, des lanternes et des torches, ce qui pouvait s'appeler lever des contributions sur les vaincus. La dame s'empara de tous ces objets, et les garda pour son propre usage.

Son mari, très-irrité, alla sur-le-champ pour engager ses amis à présenter sans délai une requête; mais ces gens savaient bien qu'elle n'aurait pas de succès dans cette circonstance, et qu'il n'était pas d'habitude que des personnes s'appartenant de si près eussent recours aux lois l'un contre l'autre. Ils résolurent donc de ne pas se mettre en opposition ouverte avec la femme, mais d'exposer qu'ils avaient été repoussés avec violence de la porte de Siao-kiang, et de laisser d'abord tomber tout le blâme sur lui; ils s'adressèrent au Tchi-fou, le premier magistrat du district, au lieu du Tchi-hian. Lorsqu'ils eurent présenté leur requête, le mari envoya, par forme de réponse, le récit des faits, tels qu'ils s'étaient passés. Les deux amis firent aussi des mémoires particuliers; et comme ils trouvaient peu convenable de mettre une femme mariée trop en évidence dans une

Tous s'enfuirent comme des souris vers leurs trous.

telle circonstance, ils se contentèrent de la placer en tête des témoins, disant qu'elle était la mère des deux filles qu'on avait fiancées, et que le magistrat devait l'interroger.

Il se trouva que dans ce moment la charge de premier magistrat était exercée par un lieutenant; il n'y avait pas longtemps qu'il occupait cette place; mais il jouissait de la réputation d'un homme droit, et il avait acquis dès sa jeunesse un rang distingué dans la littérature. Quand la requête lui eut été remise, il donna ordre qu'on affichât un avis fixant à quelques jours l'époque du jugement. Il fit venir d'abord le mari pour l'interroger, et ensuite les quatre autres parties, ainsi que toutes les personnes mentionnées dans le mémoire, à l'exception de la femme; il supposait qu'étant sous la direction d'un mari, son témoignage ne pouvait être que conforme au sien, puisqu'il n'était pas ordinaire qu'un mari et une femme différassent d'opinion dans un cas semblable.

Il ne se doutait guère que dans cette circonstance, la mère des jeunes fiancées était l'ennemie des futurs beaux-pères; il avait bien déjà vu des procès entre amis, mais rarement entre des personnes si étroitement liées. Lorsque la femme remarqua qu'on ne l'appelait pas en témoignage, elle se plaignit hautement de l'injustice qu'on lui faisait, ce qui obligea le mandarin à l'envoyer chercher.

« Quoiqu'il veuille se piquer d'être un homme, dit-elle en montrant son mari, il n'en a pas le jugement, et chacun à qui il en prendra fantaisie pourra en faire sa dupe ; il n'a aucun égard au bonheur de ses filles, et les maris qu'il leur a choisis sont les plus mal famés du quartier; voilà pourquoi j'ai cherché à les mieux pourvoir, et que je n'ai pas voulu lui laisser diriger cette affaire. » Quand elle eut fini de parler, le mandarin trouva qu'elle avait quelque raison, et fit appeler le mari, afin de l'interroger encore. Celui-ci dit que sa femme était d'un caractère violent, et qu'elle cherchait toutes les occasions d'humilier et de contrecarrer son mari; que, dans les circonstances ordinaires, il prenait patience; mais que le mariage de ses filles était un objet de trop haute importance, pour qu'il consentît à lui abandonner ses droits.

Le juge, voyant qu'il avait aussi raison, se trouva fort embarrassé pour décider entr'eux.

S'adressant donc à tous deux, il leur dit : « Suivant l'usage, le mari a le droit d'être l'arbitre dans la question qui nous occupe; mais dans les affaires de famille, il est quelquefois impossible de se conformer entièrement aux règles générales, et de juger les choses d'une manière tout-à-fait abstraite. Restez ici jusqu'à ce que j'aie fait venir vos filles pour entendre ce qu'elles peuvent avoir à dire, et pour savoir lequel à leur avis a mieux choisi pour elles, de leur père ou de leur mère. »

Le mari et la femme se prosternèrent et dirent qu'ils étaient très-satisfaits de cet arrangement.

Alors le mandarin donna un ordre écrit pour faire paraître les deux filles, et envoya du monde pour les chercher. Lorsque ces gens furent partis, il se dit à lui-même que, d'après la tournure commune et grossière des parens, il n'était pas probable qu'il sortît de belles fleurs de semblables roseaux; mais que, si les filles étaient encore plus laides que leurs parens, il était difficile de dire où cela s'arrêterait. Il attendit donc leur arrivée avec une contenance où la surprise se peignait d'avance. Aussitôt qu'elles parurent, tous les officiers subalternes et les gens de service, oubliant leur réserve habituelle, se pressèrent en foule pour les regarder comme si quelque prodige fût tombé des nues; le mandarin lui-même fut également étonné et ne pouvait deviner comment ces deux beautés célestes se trouvaient ainsi transportées là. Heureusement pour lui, ses émissaires vinrent au moment même lui annoncer que les filles d'un tel étaient arrivées : il reconnut alors que pour cette fois des roseaux avaient produit la beauté, et que non-seulement les filles étaient supérieures à leurs parens, mais qu'elles n'avaient gardé aucune ressemblance avec eux.

Lorsqu'il fut revenu de sa surprise, il leur parla ainsi : « Il paraît que votre père et votre mère, ne pouvant s'accorder ensemble, vous ont fiancées à quatre personnes différentes, et ont enfin eu recours à moi pour terminer leur débat. Votre père dit que sa femme est dans son tort; elle, de son côté, se plaint de lui : il est reconnu depuis longtemps qu'il n'est guère possible à un magistrat intègre de se mêler des affaires de famille; je vous ai donc fait venir pour m'informer de vous lequel de votre père ou de votre mère agissait ordinairement avec le plus de circonspection et de discernement. »

Toutes deux étaient naturellement timides et honteuses, et la vue d'un homme même seul les aurait disposées à s'enfuir; qu'on juge donc de l'embarras où elles durent se trouver ayant tant de regards fixés sur elles; elles étaient prêtes à se cacher sous la table.

Le juge fut plus clairvoyant que les autres. Après les avoir observées quelque temps, il leur demanda comment elles pourraient répondre si elles étaient si timides. Voyant qu'elles ne disaient pas un seul mot, quoiqu'il eût répété sa question plusieurs fois, il commença à n'écouter que le témoignage de leurs yeux qui semblaient dire que leurs parens avaient tous deux quelque tort; mais qu'il ne convenait pas à leurs filles de le déclarer.

Le juge saisit leur pensée et se dit : « Il ne faut pas que deux si charmantes personnes appartiennent à des maris ordinaires; je ne veux plus demander qui a raison ou du père ou de la mère; mais je ferai venir les quatre prétendus pour les comparer ensemble, et si les jeunes personnes consentent à en épouser deux d'entr'eux, je les unirai. » Ayant pris cette décision, il se disposait à écrire un ordre pour les faire comparaître, lorsque les quatre pères s'agenouillèrent devant lui, en disant : « Il n'est pas nécessaire que votre seigneurie envoie un ordre : nos fils sont tous à attendre dehors, chacun d'eux espérant que sa femme lui sera accordée. Pouvons-nous les faire entrer? »

— « S'il en est ainsi, dit le juge, dépêchez-vous de les appeler. » Ils sortirent tous quatre et revinrent aussitôt amenant chacun leur fils, en disant : « Voici mon fils, j'espère que votre seigneurie voudra bien lui adjuger sa femme. » Le juge cependant secoua la tête et examina minutieusement les quatre jeunes gens qui semblaient sortir de la même souche, ayant la tournure la plus commune et la plus étrange. Loin d'avoir bonne mine, il n'y en avait pas un seul dont les membres ou les traits n'offrissent quelque défaut. « Vouloir choisir un mari parmi ces quatre personnages, se dit le juge, serait comme si on cherchait un héros parmi des nains. Comment puis-je donc l'essayer? Je ne pensais pas qu'un si mauvais sort fût échu en partage à tant de beauté. » Alors il soupira et faisant placer les protégés du père à gauche et ceux de la mère à droite, il dit aux jeunes filles de se mettre à genoux au milieu ; puis il leur parla ainsi : « Tous ceux à qui votre père et votre mère vous ont promises sont ici présens ; je vous ai déjà demandé de faire connaître vos véritables sentimens ; mais puisque vous n'avez pas voulu parler, je suppose que vous avez été d'abord empêchées par la honte, et ensuite par l'embarras de vous expliquer sur les défauts de vos parens ; maintenant je ne vous demande pas de prononcer un seul mot, mais de tourner un peu la tête d'un côté ou de l'autre, et d'indiquer ainsi quels sont vos vrais désirs. Si vous voulez épouser les favoris de votre père, tournez-vous à gauche ; si au contraire vous préférez ceux de votre mère, tournez-vous à droite ; mais souvenez-vous que de ce léger mouvement dépend le bonheur du reste de vos jours. Ainsi donc prenez garde à faire un bon choix. » Lorsqu'il eut prononcé ces mots, les yeux de toute l'assemblée se fixèrent avec intérêt sur les deux jeunes demoiselles pour voir de quel côté elles tourneraient la tête. Elles cependant, au moment où les prétendans étaient entrés, les avaient regardés; et en remarquant leur mauvaise mine, elles avaient laissé tomber la tête et fermé les yeux, en laissant couler leurs larmes en silence. Lorsque le juge eut fini de leur parler, elles ne se tournèrent ni à droite ni à gauche, mais elles restèrent immobiles, avec la figure dirigée vers lui et se mirent à pleurer tout haut. Plus il les pressait de parler, plus elles sanglotaient, au point que tous les assistans se mirent à pleurer par sympathie, et prirent une grande part à leur peine.

« Il paraîtrait d'après ceci, dit le juge, que les personnes que vos parens ont choisies ne vous conviennent pas, ainsi vous n'avez pas besoin de songer à en épouser aucun; je me charge moi-même de vous marier. Ce serait une chose inexcusable que de donner à des rustres deux personnes telles que vous. Mettez-vous sur le côté, j'ai d'avance arrangé les affaires. Appelez le père et la mère. »

Ils vinrent tous les deux et se mirent à genoux devant la table, sur laquelle le juge donna un coup de poing en disant avec colère : « Il faut que vous soyez dénués de tout principe pour traiter le bonheur de vos filles comme de simples jeux d'enfans. Si vous vouliez les marier, il fallait vous entendre ensemble, et voir si les parties pouvaient se convenir, sans chercher à unir des personnes qui se ressemblent si peu. Vous pouvez juger par ce qui vient de se passer ici du résultat probable qu'aurait amené cette union si elle avait eu lieu; il est très-heureux que cette affaire ait été apportée devant moi; je la terminerai d'une manière tout opposée à ce qui se fait communément. Si vous vous étiez adressés à un autre magistrat, il aurait suivi la voie ordinaire et aurait adjugé vos filles aux uns ou aux autres parmi les prétendans. Ainsi le bonheur de ces deux jeunes femmes aurait été détruit par un seul coup de son pinceau. Elles n'épouseront aucun de ceux à qui elles avaient été promises; je vais charger quelqu'un de leur procurer un parti convenable. Ne croyez pas qu'en prenant ce parti je consulte mes vues privées, ou que je veuille violer la justice; au contraire, j'agis suivant la raison et les convenances; attendez jusqu'à ce que j'aie publié un arrêt dont vous serez tous satisfaits. » Il prit alors son pinceau et se mit à écrire la pièce suivante :

« Il paraît que Siao-kiang et sa femme ayant deux filles jumelles d'une beauté extraordinaire, plusieurs personnes ont désiré les obtenir en mariage, et ont employé différens moyens pour parvenir à leur but. Comme le père et la mère n'étaient pas d'accord, et que les agens d'un parti essayaient de tromper le mari, tandis que ceux de l'autre tâchaient d'agir à l'insu de la femme, il s'en est suivi des méprises et de la confusion. Ils avaient choisi quatre maris pour les deux mariées, et comme ces deux dernières ne pouvaient se diviser, il a été impossible que le mariage s'effectuât. Comme les deux filles semblent avoir de la répugnance pour ceux qu'on leur destinait, j'ai été touché de leur malheur, et je me suis départi de la route ordinaire, afin d'accomplir un acte de bienveillance sans enfreindre les lois pour mon intérêt particulier. Dans tous les contrats de mariage le consentement du père et de la mère, ainsi que l'entremise des négociateurs, sont indispensables. Ici, quoique les protégés de la mère aient eu des négociateurs, ils n'ont pas obtenu le consentement du père. Ainsi je donnerais un exemple dangereux en sanctionnant leurs prétentions;

et quoique les protégés de Siao-kiang aient eu le consentement du père, il n'y a pas eu de négociateurs, et si je les favorisais, l'exemple serait également pernicieux, et les deux jugemens blesseraient à la fois et la loi ancienne et les opinions modernes. Les quatre prétendans n'ont donc qu'à chercher d'autres femmes, car ces deux-ci ne peuvent leur appartenir : il vaut mieux qu'ils soient séparés maintenant que d'être malheureux, une fois qu'ils seraient unis ainsi. Quoique cette décision vienne de la compassion que m'a inspirée l'une des deux parties, elle est également dans l'intérêt de l'autre; il n'est pas nécessaire que personne me fasse de réclamations à ce sujet : ce jugement est définitif. »

Après qu'on eut expédié le jugement, il le fit lire à haute voix par un crieur. On renvoya tout le monde, sans qu'il fût permis à qui que ce fût de faire aucune observation ultérieure. On envoya prévenir les agens que le magistrat voulait employer pour procurer des partis convenables aux jeunes demoiselles, en leur ordonnant, dès qu'ils auraient réussi dans leurs recherches, d'avertir le magistrat qui permettrait que le mariage eût lieu s'il approuvait le choix des personnes.

Ces agens, après avoir mis beaucoup de soin dans leurs recherches, amenèrent plusieurs jeunes gens qui n'obtiarent pas l'agrément du juge, quoiqu'ils eussent été annoncés comme capables de le mériter. Il s'arrêta donc à un autre expédient, et résolut de choisir, pour ces deux jeunes filles, des maris suivant leur mérite littéraire, de manière qu'ils possédassent le talent aussi bien que les agrémens personnels.

Il arriva que des paysans, qui avaient attrapé tout récemment un couple de daims vivans, en firent présent au magistrat, ce qui s'arrangeait parfaitement avec le projet qu'il venait de former. Il fit publier un avis qui fixait le jour pour un examen littéraire, et qui ordonnait aux compétiteurs de mettre simplement sur l'enveloppe de leurs compositions s'ils étaient mariés ou non, au lieu de marquer leur âge, suivant la coutume, ajoutant que l'examen périodique pour les degrés littéraires n'étant pas éloigné, il souhaitait de se former d'avance une idée du mérite des candidats ; que, pour ceux qui n'étaient pas mariés, deux charmantes filles seraient le prix accordé; qu'aux autres déjà mariés on donnerait une paire de daims très-rares, et que ceux qui emporteraient le prix seraient les premiers candidats littéraires de l'année.

Dans l'endroit où se font les examens, il y avait un bâtiment vacant. Le juge envoya chercher la mère avec ses deux filles pour les établir dans l'étage supérieur et fit mettre les daims dans un endroit au-dessous. Dès que l'avis fut publié, il éveilla l'ardeur de tous les candidats des districts environnans. Ceux qui étaient déjà mariés étaient principalement animés par le désir du succès, et ne considéraient les daims que comme en étant le gage. Les jeunes gens qui étaient encore garçons voyaient avec plaisir la chance qui leur était offerte d'obtenir tout à la fois et des honneurs littéraires et une épouse charmante.

Quand le jour de l'examen arriva, ils firent les plus grands efforts pour mériter une si belle récompense, et l'examen fini, loin de penser à retourner chez eux, ils restèrent tous en place pour apprendre de suite le résultat du concours.

Trois jours après, on publia une liste où il

y avait environ dix personnes par district désignées pour être examinées de nouveau. Ceux qu'on avait choisis se doutèrent bien que le second examen avait moins pour but de déterminer leur mérite littéraire que celui de leur personne, et les jeunes gens d'entre eux qui avaient bonne mine commencèrent à concevoir de grandes espérances.

Au jour désigné, ils mirent le plus grand soin à s'habiller et à se parer, s'efforçant, lorsqu'ils se présentèrent devant le juge, de prendre la physionomie la plus agréable, dans l'espoir que celui-ci serait charmé de leur air et qu'il les placerait en tête des candidats.

Le juge était aussi capable de discerner leurs qualités extérieures que leur mérite et leurs connaissances, et, désirant s'assurer des premières, il faisait ses observations à mesure qu'on appelait leurs noms, et remarquait si leur tournure annonçait des gens riches et de bonne famille.

Lorsque l'examen fut terminé, il dit à l'huissier de réunir des musiciens le lendemain matin, et d'aller ensuite chercher les deux demoiselles et les daims, et de les conduire à son tribunal avant son arrivée. On devait mettre les daims d'un côté de la salle et faire placer de l'autre les deux dames assises dans les chaises ornées dont on se sert pour les noces. On devait aussi tenir prêtes les lanternes entourées de fleurs et la musique, afin de faire le mariage de suite.

Lorsque le juge eut donné ses ordres, il retourna chez lui pour examiner les compositions. Le lendemain, à la pointe du jour, il publia une liste contenant le nom des quatre candidats qui avaient réussi, dont deux étaient mariés et deux étaient garçons. Les autres candidats qu'on avait classés suivant leur mérite devaient recevoir quelques marques de distinction moins considérables. Il n'y a pas lieu de remarquer ceux qui obtinrent les daims, ainsi nous ne les nommerons pas. L'un des deux qui avaient mérité les demoiselles était un gradué nommé Tsi-tsin; l'autre, un plus jeune candidat, s'appelait Tchi-wen.

Tous ceux qui avaient été mentionnés à l'examen entrèrent dans la salle d'audience pour apprendre le résultat. Quand ils eurent remarqué de quel côté étaient les deux dames, ils s'y portèrent en foule pour voir celles dont la beauté était si célèbre, et cette partie de la salle fut remplie de spectateurs. Du côté où on avait mis les daims, un seul jeune homme, en costume de gradué, était debout, l'air triste, et ne témoignant aucun désir d'aller contempler les deux beautés. Quelques personnes dans la salle l'ayant remarqué, pensèrent qu'il devait être un des candidats mariés qui avaient réussi, et que, sachant qu'aucune des deux dames ne pouvait lui appartenir, mais qu'il avait du moins gagné un des daims, il était venu d'avance faire son choix, afin de prendre le plus beau, quand l'instant du partage serait arrivé.

Cependant, à la grande surprise de ces personnes, quelques-uns des candidats qui étaient de l'autre côté de la salle vinrent à lui, et lui dirent en le saluant : « Nous vous félicitons, monsieur, une de ces belles dames vous appartient. » Mais le gradué fit un signe de refus avec la main en disant : « Je n'ai rien à démêler avec elles. »

— « Comment, s'écrièrent-il tous, vous êtes le premier des quatre candidats heureux, vous n'êtes pas marié, et vous pouvez dire que vous n'avez rien à démêler avec elles! » — « Le juge va bientôt paraître, répondit-il, et alors vous saurez tout. » Les assistans ne pouvaient deviner ce qu'il voulait dire, et supposaient qu'il ne parlait ainsi que par modestie.

Lorsqu'on eut battu trois fois du tambour, le juge entra dans la salle, et tous ceux dont le nom avait été distingué s'avancèrent pour le saluer. « Quels sont les candidats heureux, de manda-t-il alors? Je les prie de se placer à part, afin que je puisse leur parler. » Quand il eut fin ce discours, l'huissier lut sa liste tout haut. Outre Tsi-tsin, il aurait dû en paraître trois autres, mais il n'y en avait que deux présens, et ils étaient tous deux mariés, celui qui ne l'était pas était absent.

Alors le juge s'écria : « Comment se fait-il que dans une circonstance comme celle-ci, il ne soit pas ici? »

— « C'est un de mes amis, répondit Tsi-tsin, et il demeure dans le même district que moi; n'ayant pas été prévenu de l'affaire d'aujourd'hui, il ne sera pas venu. »

— « Est-ce vous, monsieur, qui êtes le gradué Tsi-tsin, lui dit le juge? J'ai admiré votre mérite et votre savoir : il ne pouvait y avoir de doute sur vos succès dans cet examen. Les deux dames sont véritablement très belles, et c'est une justice du ciel de leur avoir accordé deux maris d'un si grand mérite. » A ces paroles, Tsi-tsin s'inclina, et répondit : « Votre seigneurie a trop de bonté; mais je suis un homme dont la destinée est malheureuse, et je suis indigne de jouir d'une si grande félicité : je vous prie de choisir quelqu'un pour me remplacer, car je ne voudrais pas troubler le bonheur de l'épouse qu'on me destinerait. »

« Que signifie ceci s'écria le juge, quel peut être le motif de cet étrange refus? Dites à l'huissier de demander aux deux dames laquelle est l'aînée et de l'engager à venir vers son mari. » Tsi-tsin s'inclina de nouveau, et, arrêtant l'huissier, il le pria de n'y pas aller. « Quelle est la raison de cette conduite? » dit le juge. « C'est mon malheureux destin, répliqua Tsi-tsin, qui me condamne au célibat, puisque je ne dois jamais être uni à *une* femme. Toutes celles à qui j'ai fait des propositions de mariage ne m'ont pas été plus tôt fiancées qu'elles sont tombées dangereusement malades et qu'elles sont mortes; de cette manière, j'ai été successivement la cause innocente de la mort de six jeunes personnes, avant d'avoir atteint ma vingtième année. Tous les astrologues que j'ai consultés disent que je ne dois jamais avoir *une* femme, et qu'ainsi je devrais me faire prêtre, soit de la religion de Fo ou de celle de Tao, et quoique je sois maintenant dans la classe des lettrés, il faut que j'abandonne bientôt l'étude pour devenir prêtre. Je ne veux plus mettre en danger la vie d'aucune jeune femme pour ajouter par là au nombre de mes péchés. » Le juge l'ayant écouté, lui répliqua : « Pourquoi prendriez-vous ce parti? il y a peu de confiance à accorder à de semblables prédictions. Les devins qui vous les ont faites n'étaient que des ignorans, et si vous avez été malheureux dans vos premières recherches de mariage, c'est un effet du pur hasard; pourquoi donc vous conduisez-vous comme un homme qui a une obstruction dans le gosier et qui ne peut manger? Quoique votre résolution semble prise, je n'y donnerai pas mon consentement. Toutefois j'ai une observation à faire : comment se fait-il que le candidat Tchi-wen ne soit pas présent? J'avais choisi un jour heureux, afin qu'il pût venir se marier;

et comme l'écriture de son second morceau n'est pas la même que celle du premier, j'aurais voulu le questionner un peu à ce sujet. Que signifie son absence? »

Tsin-tsin, en entendant ce discours, répondit :

« C'est un secret que je ne devrais pas divulguer; mais, d'après ce que votre seigneurie vient de dire, je serais peut-être plus coupable, si je le cachais plus longtemps. Ce candidat est un de mes amis intimes; comme il est très pauvre et qu'il n'a pas de quoi se marier, j'avais formé le dessein de l'aider. Les compositions sont toutes deux de moi : la première est de son écriture; mais, à cause de son absence, j'ai écrit la seconde pour lui. J'avais résolu de lui céder le prix si j'obtenais la première place; je ne m'attendais pas à ce que, par un bonheur extraordinaire, nous serions tous deux préférés; puisque la grande pénétration de votre seigneurie vous a fait découvrir la vérité, mes efforts pour servir mon ami ont tourné à son détriment. Je suis forcé d'implorer de vous son pardon et de vous prier de lui accorder vous-même ce que je voulais lui faire obtenir. » — « Les choses sont-elles ainsi? reprit le juge. Si je n'avais heureusement tiré de vous la vérité, j'aurais fait une grande injustice à une de ces deux dames; puisque c'est vous qui avez fait les deux compositions, la première et la seconde place vous appartiennent également, et les deux dames sont à vous. Chacun peut prétendre aux honneurs et à la richesse; mais on trouve rarement une beauté aussi parfaite que celle de ces charmantes personnes. Celui-là seul qui est digne d'elles doit les obtenir, et non pas un prétendant qui n'a que des droits supposés. Que l'officier fasse immédiatement approcher les jeunes dames, et que le mariage soit accompli. »

Tsi-tsin persistait avec obstination dans son refus, observant qu'il était impossible à un homme d'épouser deux femmes, lorsque sa mauvaise fortune l'avait empêché d'être uni à une seule. « Ce qui est arrivé aujourd'hui, dit le juge en riant, est exactement conforme à votre destinée. En vous interdisant un mariage unique, on a voulu dire que vous ne pourriez former un couple. Si vous épousiez une seule femme, alors vous feriez un couple et vous pourriez redouter les fâcheuses influences de votre destinée ; mais maintenant que vous allez avoir deux femmes, il y aura une personne de plus que le couple et cela s'accordera merveilleusement avec la prédiction. Ceci fait voir que tel en était le véritable sens, et par conséquent vous n'avez plus à craindre le retour de vos malheurs passés. »

Lorsqu'il eut fini de parler, tous les assistans exprimèrent leur approbation, en disant que ce jour-là la décision du juge avait commencé pour Tsi-tsin une nouvelle destinée et que l'explication qu'il venait de donner était admirable; ils conseillèrent à Tsi-tsin de renoncer à sa résolution et de se joindre aux dames pour remercier le juge. Il n'y avait pas d'alternative pour Tsi-tsin et il fut obligé de céder. Accompagné des deux dames, il se tenait debout devant le juge et tous trois saluèrent leur bienfaiteur. Tsi-tsin demanda alors son cheval et accompagnà les deux chaises ornées chez lui. Lorsqu'il fut parti, on distribua les récompenses inférieures. Tous ceux qui avaient été témoins du bonheur de Tsi-tsin s'écrièrent que sa félicité égalait celle des dieux immortels et qu'il en était redevable à l'estime que le juge faisait du talent et du mérite.

Trois personnes seulement avaient réussi à cet examen ; les droits de la quatrième n'étaient que supposés et il était juste que celui qui avait composé pour elle eût la récompense.

Peu de temps après, Tsi-tsin fut élevé à un plus haut rang littéraire. Cette décision donna tant de célébrité au nom du juge, qu'elle parvint enfin à la cour ; l'empereur l'appela à Pékin, et lui confia un emploi dans le tribunal de la guerre. Tsi-tsin fut promu à une place dans le collége des lettrés et continua de vivre avec son ami le juge, sur le pied de père et de fils. Ainsi se trouva vérifiée l'ancienne maxime qui dit qu'il n'y a que les gens de mérite qui puissent distinguer le mérite.

APPENDICE

Le lecteur nous saura peut-être gré de donner ici en appendice les versions les plus connues de *la Matrone d'Éphèse ;* il pourra ainsi comparer la façon dont cette histoire a été traitée par des écrivains de talents divers, sans avoir besoin pour cela de recourir à des livres que l'on n'a pas toujours à sa disposition immédiate.

LA MATRONE D'ÉPHÈSE

(Extrait du *SATYRICON* de PÉTRONE)

Mon héroïne étoit d'Éphèse. Épouse aussi chaste que belle, il n'étoit bruit dans la Grèce que de ses charmes et de sa vertu. L'envie même étoit désarmée, et toutes les femmes la prenoient pour modèle. La mort lui enleva son mari. Que de larmes elle versa! son désespoir fut sans bornes. Une autre femme auroit tout uniment suivi la pompe funèbre avec les signes vulgaires de la douleur. Mais qu'étoit-ce pour elle d'avoir les cheveux épars, de répandre des pleurs, de se meurtrir le sein, de pousser de

Matrona quædam Ephesi tam notæ erat pudicitiæ, ut vicinarum quoque gentium feminas ad sui spectaculum evocaret. Hæc ergo cum virum extulisset, non contenta vulgari more funus passis prosequi crinibus, aut nudatum pectus in conspectu frequentiæ plangere, in condi-

longs sanglots? Elle entra dans le tombeau du défunt, résolue à le suivre chez les morts. Là, s'asseyant près du cercueil, elle ne voulut plus vivre que de sa douleur. Sa famille effrayée d'un pareil désespoir, craignit de pleurer bientôt son trépas, et fit mille efforts pour l'engager à s'exhumer. Mais il fut impossible d'ébranler sa constance; elle assura ses parens qu'elle étoit morte au monde; et ce fut même en vain qu'on employa, pour l'y ramener, l'autorité des magistrats.

Le jour alloit naître pour la troisième fois, depuis qu'elle avoit commencé son sacrifice; et tout le monde la croyoit morte de faim près du cercueil de son mari. C'étoit dans la ville une affliction générale. Combien les hommes sur-tout admiroient son chaste dévouement! au sein de leurs familles, au milieu des cercles,

torium etiam prosecuta est defunctum, positumque in hypogæo, Græco more, corpus custodire, ac flere totis noctibus diebusque cœpit. Sic afflictantem se, ac mortem inedia persequentem, non parentes potuerunt abducere, non propinqui; magistratus ultimo repulsi abierunt : complorataque ab omnibus singularis exempli femina, quintum jam diem sine alimento trahebat.

Assidebat ægræ fidissima ancilla, simulque et lacrymas

sur les places publiques, ils l'exaltoient comme un prodige inouï d'amour et de fidélité conjugale.

Il y avoit près du tombeau des fourches patibulaires ; et l'on y exposa par hasard, à cette époque, les cadavres de trois voleurs. Pendant la nuit, le soldat qui veilloit à ce que leurs parens ne vinssent les enlever pour leur donner la sépulture, aperçut, à travers un trou pratiqué dans le mur, la clarté de la lampe qui brûloit dans le monument. Les gémissemens même de l'inconsolable veuve arrivèrent jusqu'à ses oreilles. Sa curiosité fut si vive qu'il ne put attendre au lendemain pour la satisfaire. Il descend donc dans le tombeau. Mais à l'aspect d'une femme, dont la beauté lui paroît plus qu'humaine, tous les contes populaires sur les revenans de l'autre monde se réalisent dans son ima-

commodabat lugenti, et quoties defecerat positum in monumento lumen renovabat. Una igitur in tota civitate fabula erat; et solum illud affulsisse verum pudicitiæ amorisque exemplum, omnis ordinis homines confitebantur; cum interim imperator provinciæ latrones jussit crucibus affigi, secundum illam eandem casulam in qua recens cadaver matrona deflebat. Proxima ergo nocte, cum miles, qui cruces servabat, ne quis ad sepulturam cor-

gination. Glacé de frayeur, il reste immobile. Toutefois il vient à bout de se rassurer, et ce lugubre appareil qu'il dépouille enfin des chimères de l'illusion, ce cercueil, une femme en pleurs, les soupirs et les sanglots qu'il entend, et la lampe qui éclaire tristement cette scène sépulcrale, tout lui dit qu'une épouse fidelle s'est ensevelie vivante dans le tombeau d'un homme adoré. Mais il conjecture en même tems qu'elle aime encore la vie, puisqu'elle ne s'est pas poignardée; et cette pensée lui en inspire une autre qu'il s'empresse d'effectuer.

En deux sauts, il sort du monument, et y rentre avec son petit souper qu'il place à la portée de la belle veuve. — Touchez-y seulement pour vous empêcher de mourir, lui disoit-il. Si du moins votre désespoir servoit à quelque chose!

pora detraheret, notasset sibi et lumen inter monumenta clarius fulgens, et gemitum lugentis audisset, vitio gentis humanæ concupiit scire, quis aut quid faceret. Descendit igitur in conditorium, visaque pulcherrima muliere, primo quasi quodam monstro, infernisque imaginibus turbatus substitit : deinde, ut et corpus jacentis conspexit, et lacrymas consideravit, faciemque unguibus sectam, ratus scilicet *id* quod erat, desiderium extincti non

mais il vous tue, sans ranimer votre époux dans sa tombe. Quel bien lui font tous vos gémissemens? ils ne sont entendus que par l'écho enroué de ces voûtes funèbres. Songez d'ailleurs que la mort est le terme commun de tout ce qui reçoit la vie, et qu'il faut tôt ou tard que l'homme satisfasse à cette loi générale. —

Mais c'est en vain qu'il épuise tous les lieux communs en usage pour consoler une ame profondément affligée. Au lieu d'adoucir le désespoir de cette épouse incomparable, c'est alors qu'elle en rendoit l'expression plus vive et plus touchante. Néanmoins le bon jeune homme, loin de se rebuter, réitère, avec de nouvelles instances, l'offre de son souper. Peine inutile! elle se frappe la poitrine, et s'arrache les cheveux avec plus de violence.

posse feminam pati; attulit in monumentum cœnulam suam, cœpitque hortari lugentem, ne perseveraret in dolore supervacuo, et nihil profuturo gemitu pectus diduceret : omnium eumdem exitum esse, sed et idem domicilium, et cætera quibus exulceratæ mentes ad sanitatem revocantur. At illa ignota consolatione percussa, laceravit vehementius pectus, ruptosque crines super *corpus* jacentis imposuit.

Cependant l'une des femmes de la trop sensible veuve, qui, par affection pour elle, avoit voulu s'enterrer aussi dans ce tombeau, et qui s'étoit jusques-là tenue à l'écart, vint joindre ses prières aux sollicitations du soldat. Tout ce qu'on peut dire, elle le dit pour vaincre la résistance de sa maîtresse. Mais voyant qu'elle conseille et supplie sans succès, elle adopte le parti de prêcher d'exemple, et s'en acquitte de manière à donner de l'appétit à ceux même qui n'auroient pas faim.

L'indomptable veuve résista même à la séduction de l'exemple. Mais sa morne indifférence ne fit pas perdre un coup de dents à l'avide soubrette, qui se remit à sermonner, sitôt que ce maigre repas eut rétabli l'équilibre dans ses humeurs. — Quel est votre but, lui disoit-elle ?

Nec recessit tamen miles, sed eadem exhortatione tentavit dare mulierculæ cibum ; donec ancilla, vini certe ab eo odore corrupta, primum ipsa porrexit ad humanitatem invitantis victam manum : deinde, refecta potione et cibo, expugnare dominæ pertinaciam cœpit. Et, quid proderit, inquit, hoc tibi, si soluta media fueris ? si te vivam sepelieris ? Si, antequam fata poscant, indemnatum spiritum effuderis ?

Id cinerem, aut manes credis curare sepultos?

de vous laisser mourir de faim? de prévenir, par un trépas volontaire, l'ordre de la nature? Et qu'importe au défunt un pareil sacrifice? lui rendra-t-il la vie? ou pensez-vous qu'il y soit sensible? Défaites-vous de cette erreur, dont la tendre complexion des femmes les rend seules susceptibles, et consentez à vivre, je vous en conjure. Votre époux lui-même vous en supplieroit, si les dieux lui permettoient de vous parler. Mais, à son défaut, la vue de son cercueil vaut mieux qu'un long discours sur le prix de la vie. —

Un mourant ne bat pas un médecin qui lui propose un remède salutaire : un homme affamé suit sans colère un ami qui lui propose à dîner. C'est par la même raison qu'enfin l'aimable et chaste veuve consentit sans humeur à rom-

Vis tu reviviscere reluctantibus fatis extinctum? vis, discusso muliebri errore, quamdiu lucis licuerit commodis frui? ipsum te jacentis corpus admonere debet ut vivas.

Nemo invitus audit, cum cogitur aut cibum sumere aut vivere. Itaque mulier, aliquot dierum abstinentia sicca, passa est frangi pertinaciam suam : nec minus avide replevit se cibo quam ancilla quæ prior victa est. Cæte-

pre sa longue abstinence. Il est vrai qu'elle eut l'honneur de céder la dernière. Mais, tant est puissante la contagion de l'exemple! elle but et mangea beaucoup mieux que la soubrette.

Vous savez par expérience qu'un désir satisfait ouvre le cœur humain à de nouvelles tentations. Ainsi le soldat, donnant carrière à son ambition, conçut aussitôt l'espoir d'un triomphe plus doux et plus flatteur. Mais comment se faire écouter d'une femme aussi fidelle à la mémoire de son mari? Il n'eut besoin que d'ajouter à ses premiers raisonnemens sur la douceur d'être le langage de la passion. S'il n'avoit pas déplu comme consolateur, on trouva que l'amant avoit plus de graces et d'esprit encore. D'ailleurs l'officieuse soubrette secondoit avec chaleur ses

rum, scitis quid tentare plerumque soleat humanam satietatem. Quibus blanditiis impetraverat miles ut matrona vivere vellet, iisdem etiam pudicitiam ejus aggressus est. Nec deformis aut infacundus juvenis castæ videbatur, conciliante gratiam ancilla, ac subinde dicente :

. . . . Placitone etiam pugnabis amori?
Nec venit in mentem quorum consederis arvis?

tendres prétentions. — Gardez-vous, disoit-elle à sa maîtresse :

Gardez-vous d'emporter vos appas chez les morts.
Que vous servira-t-il d'en être regardée?
A l'amour des vivans réservez ces trésors,
Dont le monde avant vous n'avoit pas eu l'idée.
Que feriez-vous là-bas? vous auriez des remords :
On meurt toujours trop tôt, quand on n'est pas ridée.

Comment résister à de pareils argumens? La chaste veuve cessa de l'être ; et, faute de mieux, on prétend même que ce fut sur le cercueil de l'époux tant pleuré qu'elle célébra ses noces nouvelles. Quelle nuit pour la tendre veuve, après un si long jeûne! Le soldat, au point du jour, fut obligé de retourner à son poste. La porte fut soigneusement fermée ; et quiconque auroit eu

Quid diutius moror? ne hanc quidem mulier partem corporis abstinuit, victorque miles utrumque persuasit. Jacuerunt ergo una, non tantum illa nocte qua nuptias fecerunt, sed postero etiam ac tertio die, præclusis videlicet conditorii foribus, ut quisque ex notis ignotisque ad monumentum venisset, putasset expirasse super corpus viri pudicissimam uxorem. Cæterum delectatus miles et forma mulieris, et secreto, quidquid boni per faculta-

la curiosité de venir rôder autour du monument, auroit cru que la plus vertueuse des femmes étoit morte de douleur sur le tombeau de son mari.

Charmé de la beauté de sa maîtresse et du secret de sa bonne fortune, le soldat fit venir de la ville toutes les provisions que sa bourse lui permit d'acheter, et les porta, dès que la nuit fut venue, à sa charmante recluse. Nouveaux transports, que la jeunesse des deux amans rendoit toujours plus vifs et plus voluptueux. D'ailleurs le charme du mystère agissoit sur tous deux avec la même force, et renouveloit sans cesse la source de leurs plaisirs.

On ne manqua pas de se revoir encore le lendemain. Mais quel réveil pour le soldat! il s'aperçoit, en sortant du monument, que les

tes poterat coemebat. et prima statim nocte in monumentum ferebat.

Itaque cruciarii unius parentes, ut viderunt laxatam custodiam, detraxere nocte pendentem, supremoque mandaverunt officio. At miles circumscriptus dum residet, ut postero die vidit unam sine cadavere crucem, veritus supplicium, mulieri quid accidisset exponit : nec se expectaturum judicis sententiam, sed gladio jus

parens de l'un des pendus ont enlevé son cadavre. A l'instant il revient conter à sa maîtresse sa triste aventure. — Je n'attendrai pas mon arrêt de mort, dit-il. Cette épée va prévenir la sévérité de mes juges. Je ne vous demande qu'une grâce, avant de me frapper, c'est de m'enterrer auprès de votre époux. — Moi, que je consente à perdre en si peu de tems deux hommes que j'ai tant aimés, s'écrie la sensible veuve! les dieux m'en préservent. J'aime mieux pendre le mort que de voir périr le vivant. — Aussitôt on déloge le pauvre mari de son cercueil, et on l'attache au poteau dépouillé. Est-ce là un trait de prudence et de génie? Éphèse avoit appris presqu'en même tems la disparition et le retour du pendu. Toute la ville accourut pour voir ce prodige. Comment un mort avoit-il pu faire ce double

dicturum ignaviæ suæ; commodaret modo illa perituro locum, et fatale conditorium familiari ac viro faceret.

Mulier non minus misericors quam pudica : nec istud, inquit, dii sinant, ut eodem tempore duorum mihi carissimorum hominum duo funera spectem : malo mortuum impendere quam vivum occidere. Secundum hanc orationem jubet corpus mariti sui tolli ex arca, atque illi, quæ vacabat, cruci affigi. Usus est miles ingenio pruden-

voyage? Rien n'égala la surprise et l'admiration que cet étrange évènement causoit aux Éphésiens.

tissimæ feminæ; posteroque die populus miratus est qua ratione mortuus isset in crucem.

(*Traduction du citoyen* DURAND)

Paris, GÉRARD 1803.

LA MATRONE D'ÉPHÈSE

(*CONTE de* La Fontaine)

S'il est un conte usé, commun et rebattu,
C'est celui qu'en ces vers j'accommode à ma guise.
« Et pourquoi donc le choisis-tu?
Qui t'engage à cette entreprise ?
N'a-t-elle point déjà produit assez d'écrits?
Quelle grace aura ta Matrone
Au prix de celle de Pétrone?
Comment la rendras-tu nouvelle à nos esprits? »
Sans répondre aux censeurs, car c'est chose infinie,
Voyons si dans mes vers je l'aurai rajeunie.

Dans Éphèse il fut autrefois
Une dame, en sagesse et vertu, sans égale,
Et, selon la commune voix,
Ayant su raffiner sur l'amour conjugale.
Il n'étoit bruit que d'elle et de sa chasteté;
On l'alloit voir par rareté;
C'étoit l'honneur du sexe : heureuse sa patrie !

Chaque époux la prônoit à sa femme chérie :
D'elle descendent ceux de la Prudoterie,
        Antique et célèbre maison.
        Son mari l'aimoit d'amour folle.
        Il mourut. De dire comment,
        Ce seroit un détail frivole.
        Il mourut; et son testament
N'étoit plein que de legs qui l'auroient consolée,
Si les biens réparoient la perte d'un mari
        Amoureux autant que chéri.
Mainte veuve pourtant fait la déchevelée,
Qui n'abandonne pas le soin du demeurant,
Et du bien qu'elle aura fait le compte en pleurant.
Celle-ci, par ses cris, mettoit tout en alarme;
        Celle-ci faisoit un vacarme,
Un bruit, et des regrets à percer tous les cœurs;
        Bien qu'on sache qu'en ces malheurs,
De quelque désespoir qu'une ame soit atteinte,
La douleur est toujours moins forte que la plainte :
Toujours un peu de faste entre parmi les pleurs.
Chacun fit son devoir de dire à l'affligée
Que tout a sa mesure, et que de tels regrets
        Pourroient pécher par leur excès :
Chacun rendit par-là sa douleur rengrégée.
Enfin, ne voulant plus jouir de la clarté
        Que son époux avoit perdue,
Elle entre dans sa tombe, en ferme volonté
D'accompagner cette ombre aux enfers descendue.
Et voyez ce que peut l'excessive amitié!
(Ce mouvement aussi va jusqu'à la folie).

Et, jusques à l'effet, courageuse et hardie.
L'esclave avec la dame avoit été nourrie ;
Toutes deux s'entr'aimoient, et cette passion
Étoit crûe avec l'âge au cœur des deux femelles :
Le monde entier à peine eût fourni deux modèles
D'une telle inclination.
Comme l'esclave avoit plus de sens que la dame,
Elle laissa passer les premiers mouvements;
Puis tâcha, mais en vain, de remettre cette ame
Dans l'ordinaire train des communs sentiments.
Aux consolations la veuve inaccessible
S'appliquoit seulement à tout moyen possible
De suivre le défunt aux noirs et tristes lieux.
Le fer auroit été le plus court et le mieux;
Mais la dame vouloit paître encore ses yeux
Du trésor qu'enfermoit la bière,
Froide dépouille, et pourtant chère :
C'étoit là le seul aliment
Qu'elle prît en ce monument.
La faim donc fut celle des portes
Qu'entre d'autres de tant de sortes
Notre veuve choisit pour sortir d'ici-bas.
Un jour se passe, et deux, sans autre nourriture
Que ses profonds soupirs, que ses fréquents hélas,
Qu'un inutile et long murmure.
Chaque mère à sa bru l'alléguoit pour patron :
Une esclave en ce lieu la suivit par pitié,
Prête à mourir de compagnie :
Prête, je m'entends bien, c'est-à-dire, en un mot.
N'ayant examiné qu'à demi ce complot,

Contre les dieux, le sort, et toute la nature.
Enfin sa douleur n'omit rien,
Si la douleur doit s'exprimer si bien.

Encore un autre mort faisoit sa résidence
Non loin de ce tombeau, mais bien différemment.
Car il n'avoit pour monument
Que le dessous d'une potence :
Pour exemple aux voleurs on l'avoit là laissé.
Un soldat bien récompensé
Le gardoit avec vigilance.
Il étoit dit par ordonnance
Que, si d'autres voleurs, un parent, un ami,
L'enlevoient, le soldat, nonchalant, endormi,
Rempliroit aussitôt sa place.
C'étoit trop de sévérité :
Mais la publique utilité
Défendoit que l'on fît au garde aucune grace.
Pendant la nuit, il vit aux fentes du tombeau
Briller quelque clarté, spectacle assez nouveau.
Curieux, il y court, entend de loin la dame
Remplissant l'air de ses clameurs.
Il entre, est étonné, demande à cette femme
Pourquoi ces cris, pourquoi ces pleurs,
Pourquoi cette triste musique,
Pourquoi cette maison noire et mélancolique.
Occupée à ses pleurs, à peine elle entendit
Toutes ces demandes frivoles.
Le mort pour elle y répondit :
Cet objet, sans autres paroles.

Disoit assez par quel malheur
La dame s'enterroit ainsi toute vivante.
« Nous avons fait serment, ajouta la suivante,
De nous laisser mourir de faim et de douleur. »
Encor que le soldat fût mauvais orateur,
Il leur fit concevoir ce que c'est que la vie.
La dame, cette fois, eut de l'attention;
Et déjà l'autre passion
Se trouvoit un peu ralentie :
Le temps avoit agi. « Si la foi du serment,
Poursuivit le soldat, vous défend l'aliment,
Voyez-moi manger seulement,
Vous n'en mourrez pas moins. » Un tel tempérament
Ne déplut pas aux deux femelles.
Conclusion, qu'il obtint d'elles
Une permission d'apporter son soupé :
Ce qu'il fit. Et l'esclave eut le cœur fort tenté
De renoncer dès-lors à la cruelle envie
De tenir au mort compagnie.
« Madame, ce dit-elle, un penser m'est venu :
Qu'importe à votre époux que vous cessiez de vivre?
Croyez-vous que lui-même il fût homme à vous suivre,
Si par votre trépas vous l'aviez prévenu?
Non, madame; il voudroit achever sa carrière.
La nôtre sera longue encor si nous voulons.
Se faut-il, à vingt ans, enfermer dans la bière?
Nous aurons tout loisir d'habiter ces maisons.
On ne meurt que trop tôt : qui nous presse? Attendons.
Quant à moi, je voudrois ne mourir que ridée.
Voulez-vous emporter vos appas chez les morts?

Que vous servira-t-il d'en être regardée?
Tantôt, en voyant les trésors
Dont le ciel prit plaisir d'orner votre visage,
Je disois : Hélas! c'est dommage!
Nous-mêmes nous allons enterrer tout cela. »
A ce discours flatteur la dame s'éveilla.
Le dieu qui fait aimer prit son temps; il tira
Deux traits de son carquois : de l'un il entama
Le soldat jusqu'au vif; l'autre effleura la dame.
Jeune et belle, elle avoit sous ses pleurs de l'éclat;
Et des gens de goût délicat
Auroient bien pu l'aimer, et même étant leur femme
Le garde en fut épris : les pleurs et la pitié,
Sorte d'amour ayant ses charmes,
Tout y fit : une belle, alors qu'elle est en larmes,
En est plus belle de moitié.
Voilà donc notre veuve écoutant la louange,
Poison qui de l'amour est le premier degré;
La voilà qui trouve à son gré
Celui qui le lui donne. Il fait tant qu'elle mange:
Il fait tant que de plaire, et se rend en effet
Plus digne d'être aimé que le mort le mieux fait;
Il fait tant enfin qu'elle change;
Et toujours par degrés, comme l'on peut penser,
De l'un à l'autre il fait cette femme passer.
Je ne le trouve pas étrange.
Elle écoute un amant, elle en fait un mari.
Le tout au nez du mort qu'elle avoit tant chéri.

Pendant cet hyménée, un voleur se hasarde.

Il en entend le bruit, il y court à grands pas;
Mais en vain, la chose étoit faite.
Il revient au tombeau conter son embarras,
Ne sachant où trouver retraite.
L'esclave alors lui dit, le voyant éperdu :
« L'on vous a pris votre pendu?
Les lois ne vous feront, dites-vous, nulle grace?
Si madame y consent, j'y remédirai bien.
Mettons notre mort en la place,
Les passants n'y connoitront rien. »
La dame y consentit. O volages femelles!
La femme est toujours femme. Il en est qui sont belles;
Il en est qui ne le sont pas :
S'il en étoit d'assez fidèles,
Elles auroient assez d'appas.

Prudes, vous vous devez défier de vos forces
Ne vous vantez de rien. Si votre intention
Est de résister aux amorces,
La nôtre est bonne aussi : mais l'exécution
Nous trompe également; témoin cette matrone.
Et, n'en déplaise au bon Pétrone,
Ce n'étoit pas un fait tellement merveilleux,
Qu'il en dût proposer l'exemple à nos neveux.
Cette veuve n'eut tort qu'au bruit qu'on lui vit faire,
Qu'au dessein de mourir, mal conçu, mal formé :
Car de mettre au patibulaire
Le corps d'un mari tant aimé,
D'enlever le dépôt commis aux soins du garde :

Ce n'étoit pas peut-être une si grande affaire;
Cela lui sauvoit l'autre : et, tout considéré,
Mieux vaut goujat debout qu'empereur enterré.

LE NEZ

(Extrait de *ZADIG*, conte de Voltaire)

Un jour Azora revint d'une promenade, tout en colère, et faisant de grandes exclamations. Qu'avez-vous, lui dit-il, ma chère épouse ! qui peut vous mettre ainsi hors de vous-même? Hélas ! dit-elle, vous seriez indigné comme moi, si vous aviez vu le spectacle dont je viens d'être témoin. J'ai été consoler la jeune veuve Cosrou, qui vient d'élever, depuis deux jours, un tombeau à son jeune époux auprès du ruisseau qui borde cette prairie. Elle a promis aux dieux, dans sa douleur, de demeurer auprès de ce tombeau tant que l'eau de ce ruisseau coulerait auprès. Eh bien ! dit Zadig, voilà une femme estimable qui aimait véritablement son mari ! Ah ! reprit Azora, si vous saviez à quoi elle s'occupait quand je lui ai rendu visite ! A

IMPRIMÉS

quoi donc, belle Azora? Elle faisait détourner le ruisseau. Azora se répandit en des invectives si longues, éclata en reproches si violents contre la jeune veuve, que ce faste de vertu ne plut pas à Zadig.

Il avait un ami, nommé Cador, qui était un de ces jeunes gens à qui sa femme trouvait plus de probité et de mérite qu'aux autres : il le mit dans sa confidence, et s'assura, autant qu'il le pouvait, de sa fidélité par un présent considérable. Azora, ayant passé deux jours chez une de ses amies à la campagne, revint le troisième jour à la maison. Des domestiques en pleurs lui annoncèrent que son mari était mort subitement, la nuit même, qu'on n'avait pas osé lui porter cette funeste nouvelle, et qu'on venait d'ensevelir Zadig dans le tombeau de ses pères, au bout du jardin. Elle pleura, s'arracha les cheveux, et jura de mourir. Le soir, Cador lui demanda la permission de lui parler, et ils pleurèrent tous deux. Le lendemain, ils pleurèrent moins, et dînèrent ensemble. Cador lui confia que son ami lui avait laissé la plus grande partie de son bien, et lui fit entendre qu'il mettrait son bonheur à partager sa fortune avec elle. La dame pleura, se fâcha, s'adoucit; le souper fut plus long que le dîner; on se parla avec plus de confiance. Azora fit l'éloge du défunt; mais elle avoua qu'il avait des défauts dont Cador était exempt.

Au milieu du souper Cador se plaignit d'un mal de rate violent; la dame, inquiète et empressée, fit apporter toutes les essences dont elle se parfumait, pour essayer s'il n'y en avait pas quelqu'une qui fût bonne pour le mal de rate : elle regretta beaucoup que le grand Hermès ne fût pas encore à Babylone; elle daigna même toucher le côté où Cador sentait de si vives douleurs. Êtes-vous sujet à cette cruelle maladie? lui dit-elle avec compassion. Elle me met quelquefois au bord du tombeau, lui répondit Cador. et il n'y a qu'un seul remède qui puisse me soulager : c'est de m'appliquer sur le côté le nez d'un homme qui soit mort la veille. Voilà un étrange remède, dit Azora. Pas plus étrange, répondit-il, que les sachets du sieur Arnoult? contre l'apoplexie. Cette raison, jointe à l'extrême mérite du jeune homme, détermina enfin la dame. Après tout, dit-elle, quand mon mari passera du monde d'hier dans le monde du lendemain sur le pont de Tchinavar. l'ange Asrael lui accordera-t-il moins le passage parce que son nez sera un peu moins long dans la seconde vie que dans la première? Elle prit donc un rasoir; elle alla au tombeau de son époux, l'arrosa de ses larmes, et s'approcha pour couper le nez à Zadig, qu'elle trouva tout étendu dans la tombe. Zadig se relève en tenant son nez d'une main et arrêtant le rasoir de l'autre. Madame, lui dit-il, ne criez plus tant contre la jeune Cosrou; le projet de me couper le nez vaut bien celui de détourner un ruisseau.

TABLE

BIBLIOTHÈQUE NATIONALE IMPRIMÉS RF

ACHEVÉ D'IMPRIMER

le vingt-neuf février mil huit cent quatre-vingt-quatre

par

A. LAHURE

www.ingramcontent.com/pod-product-compliance
Ingram Content Group UK Ltd.
Pitfield, Milton Keynes, MK11 3LW, UK
UKHW021151260726
13994UKWH00001B/383

9 782329 447650